Willi Lambert

Das siebenfache Ja

Exerzitien – ein Weg zum Leben

Ignatianische Impulse
Herausgegeben von Stefan Kiechle SJ und Willi Lambert SJ, Band 1

Ignatianische Impulse gründen in der Spiritualität des Ignatius von Loyola. Diese wird heute von vielen Menschen neu entdeckt.

Ignatianische Impulse greifen aktuelle und existentielle Fragen wie auch umstrittene Themen auf. Weltoffen und konkret, lebensnah und nach vorne gerichtet, gut lesbar und persönlich anregend sprechen sie suchende Menschen an und helfen ihnen, das alltägliche Leben spirituell zu deuten und zu gestalten.

Ignatianische Impulse werden begleitet durch den Jesuitenorden, der von Ignatius gegründet wurde. Ihre Themen orientieren sich an dem, was Jesuiten heute als ihre Leitlinien gewählt haben: Christlicher Glaube – soziale Gerechtigkeit – interreligiöser Dialog – moderne Kultur.

Willi Lambert

Das siebenfache Ja

Exerzitien – ein Weg zum Leben

echter

Bibliografische Information der Deutschen Bibliothek
Die Deutsche Bibliothek verzeichnet diese Publikation in der Deutschen Nationalbibliografie; detaillierte bibliografische Daten sind im Internet über <http://dnb.ddb.de> abrufbar.

2. Auflage 2004

www.echter-verlag.de
Umschlag: Roberto Meraner
Druck und Bindung: Clausen & Bosse GmbH, Leck
ISBN 3-429-02534-6

Inhalt

Vorworte

»Das siebenfache Ja« ist ein Buch, das nicht für bloße Jasager gedacht ist, die zu allem unbedacht Ja und Amen sagen. Es möchte Menschen ansprechen, die *das große Ja des Lebens* mitten in ihren Alltäglichkeiten wahrhaftig und entschieden zu leben versuchen. Jesus sagt in diesem Sinne einmal: »Euer Ja sei ein Ja und euer Nein ein Nein! Alles andere stammt vom Bösen« (Mt 5,27). Freilich leben wir Menschen immer auch in Grauzonen und sind erst auf der Suche nach Klarheit und Entschiedenheit. Eine Hilfe auf diesem Weg kann die Spiritualität des Ignatius von Loyola (1491–1556) sein. In besonderer Weise wird diese in seinem Exerzitienbuch, den »Exercitia spiritualia«, den »Geistlichen Übungen« fassbar. Ihre Fruchtbarkeit ist gerade in den letzten Jahrzehnten wieder neu entdeckt worden. Die Absicht des Büchleins zum siebenfachen Ja ist dreifach. Es möchte

- denen, die Exerzitien schon kennen, ein tieferes Verständnis und Hilfen für geistliches Üben geben;
- denen, die schon einmal mit Interesse von Exerzitien und Exerzitien im Alltag gehört haben, eine Vorstellung davon vermitteln;
- denen, die überhaupt auf der spirituellen Spur sind, Hilfen für ihr Wachstum anbieten, auch wenn sie nicht vorhaben, Exerzitien zu machen.

Die Weise, wie dies vermittelt werden soll, entspricht dem Exerzitienbuch von Ignatius selber: Es werden immer wieder Erklärungen gegeben und entsprechende Übungen. Die Absicht dabei ist, zugleich ein *Lese- und Lebebuch* anzubieten.

Die Überschrift »Vorworte« ist kein Druckfehler, sondern will sagen, dass einige Anläufe gemacht werden, bevor der Weg des siebenfachen Ja dargestellt wird. So ganz unähnlich ist dies der ignatianischen Vorgehensweise nicht: Ignatius beginnt das Exerzitienbuch mit 20 Vorbemerkungen.

Das Allerbeste ...

Das Allerbeste – was ist dies wohl? Wenn Sie jetzt eine Pause einlegen würden mit der Frage, was für Sie das Allerbeste in Ihrem Leben sei, dann wären Sie schon mittendrin in dem, was dieses Buch vermitteln will; und Sie wären in der Nähe eines großen »Lebens-Suchers«: Ignatius von Loyola, Adliger, Christusnarr, Ordensgründer und Autor der »Geistlichen Übungen«, des sog. Exerzitienbuches (im folgenden immer zitiert: EB). Dieses Buch hat wie wenige die Frömmigkeit, das spirituelle Leben vor allem in der katholischen Kirche geprägt (wenn man von der erfreulichen Tatsache absieht, dass seit einigen Jahrzehnten Exerzitien auch immer mehr ökumenisch angeboten werden). In diesem Sinne schreibt Ignatius einmal an seinen ehemaligen Beichtvater in Paris: Die Exerzitien sind »doch das Allerbeste, was ich in diesem Leben denken, verspüren und verstehen kann, sowohl dafür, dass sich der Mensch selber nützen kann, wie dafür, Frucht bringen und vielen anderen helfen und nützen zu können.« Sie können helfen, weil sie ein geistlicher Übungsweg sind, der Menschen auf der Suche nach Erfüllung ihres Lebens, auf der Suche nach sich selber, nach Gott, nach einem menschenfreundlichen Leben unterstützt.
Ich rate allerdings nicht, das Exerzitienbuch von Igna-

tius gleich zu kaufen: Es ist in erster Linie für den Exerzitienbegleiter gedacht; seine Lektüre sättigt im Normalfall den geistlichen Hunger so wenig wie das Lesen einer Speisekarte einen leeren Magen. Es stammt aus einer uns in manchem nahen, aber auch sehr fernen Erlebnis- und Sprach-Welt. Ein Schulfreund hat es mir mit 16 Jahren einmal gezeigt. Dies hätte mir fast für immer den Appetit verdorben.

Fragen für eigenes Nachdenken
Was ist meine tiefste Sehnsucht? Was ist mir das Allerliebste, das Allerbeste? Ohne was könnte ich nicht leben? Was lässt mich fast verzweifeln? Was sind meine tiefsten Fragen? Was lässt mich zu einer tiefen Ruhe kommen?

Der Autor Ignatius und seine Autorität

Autor und Autorität kommen von dem lateinischen Wort »augere«, d.h. »mehren, wachsen lassen«. Autorität ist, wer zum Wachsen hilft. Die Autorität des Verfassers des Exerzitienbuches besteht in seinen geistlichen Erfahrungen, die er in aller Freiheit anbietet als Hilfe für den eigenen Weg.
Die äußeren Daten seines Lebens sind schnell aufgezählt: Geboren als 13. Kind eines baskischen Adelsgeschlechtes; Ausbildung bei Hofe; 1521 infolge einer Schussverletzung auf den Tod krank; Jahre des Daseins als »Pilger« durch Europa bis nach Jerusalem; Studium der Philosophie und Theologie, um »den Seelen mehr helfen« zu können; 1534 mit dem Gelübde auf dem Montmartre schließt sich in Paris auf seine Initiative hin ein Kreis von »Freunden im Herrn« zusammen; 1540 die offizielle Gründung des Ordens der Jesuiten;

Tätigkeit als General der neuen und schnell wachsenden Gemeinschaft; 1556 stirbt er; 1622 erfolgt die Heiligsprechung zusammen mit Franz Xaver und Teresa von Avila.
Kind, Page, Höfling, Student, Pilger, Gottsucher, Christus-Jünger, Ordensgründer, Langzeit-Kranker, Ordensgeneral – das sind Bezeichnungen, die etwas von der Spannweite seines Lebens ahnen lassen; vielleicht aber mehr noch die Spannungen, die sein Leben deutlich kennzeichnen: Ignatius ist vernunftorientiert – und vergießt jeden Tag Tränen; er vertraut ganz auf Gott – und setzt alle Kräfte ein; er ist bescheiden – und sorgt für eine gute Presse des Ordens; er hat Ideale – und reagiert flexibel auf Menschen und sonstige Umstände; Gott ist für ihn »Majestät« – und er spricht zugleich von der »Familiarität mit Gott«. Das große Leitwort seines Lebens war: »Gott in allem suchen und finden.«
Ein Kind, das ihn einmal beim nächtlichen Gebet belauscht hatte, berichtet seinen Seufzer: »Mein Gott, wenn dich die Menschen kennen würden!«
Dazu wollen seine Exerzitien helfen. Und diese sieht er als das »Allerbeste« seines Lebens an.

Das siebenfache Ja – Jesus als Gottes Ja

Am auffallendsten am Aufbau dieses Buches dürfte die Großeinteilung in sieben Kapitel sein, die alle beginnen mit: »Das Ja zu ...« – wobei jedes »Ja« auf der Rückseite auch ein »Nein« trägt und nicht selten Abenteuer und Kampf bedeutet.
Hinter dieser Einteilung steht die Erfahrung und Überzeugung, dass der Mensch zum Menschen wird durch sieben Grundentscheidungen. Es zeigt sich da-

bei, dass diese Grundentscheidungen sowohl dem Weg des Evangeliums wie dem Weg des Exerzitienbuches wie auch dem menschlichen Leben insgesamt entsprechen.

- Das *Ja zu Achtsamkeit, Sehnsucht und dem eigenen Weg* – dies entspricht den 20 Vorbemerkungen des Exerzitienbuches.
- Das *Ja zu sinnvollem Leben, zu Gott und zur Befreiung* – dies entspricht dem »Prinzip und Fundament« der Exerzitien.
- Das *Ja zu Versöhnung, zum Frieden mit sich, dem Leben, den Menschen, Gott* – dies entspricht der ersten Woche der Exerzitien.
- Das *Ja zu einer Lebensgestaltung aus Beziehung, zur Lebensgemeinschaft mit Christus*; so jedenfalls der christliche Weg – dies entspricht der zweiten Exerzitienwoche.
- Das *Ja zum Lieben durch Kampf und Sterben* hindurch – dies entspricht der dritten Exerzitienwoche.
- Das *Ja zur Auferstehungs-Liebe*, die »stärker ist als der Tod« – dies entspricht der vierten Exerzitienwoche.
- Das *Ja zur Liebe im Alltag* – dies entspricht der Betrachtung zur Erlangung der Liebe und den verschiedenen »Regeln« des Exerzitienbuches.

Finden wir in diesem siebenfachen Ja nicht viele eigene Sehnsüchte und Erfahrungen angesprochen? Das Ja zum Aufwachen aus Betäubung und Innehalten in der Hetzerei; das Ja zum Lebensraum für die Dynamik der Sehnsucht; das Ja zur Suche nach Sinn und Gottberührung; das Ja zu Befreiungsprozessen; das Ja zu Versöhnung, Entängstigung und Ent-Schuldung; das Ja zum Wachsen in der Gottes- und Nächstenliebe; das Ja zu jener Liebe, die »stärker ist als der Tod«; das Ja zur »Mystik des Alltags«.

Es ist grundlegend wichtig, zu sehen, dass dieses Ja nicht ein bloß eigenwilliges, kopfgesteuertes Ja ist, sondern eine Einstimmung, die getragen ist vom unendlichen Ja Gottes in der Mitte unserer menschlichen Existenz.
Die genannten sieben Grundvollzüge menschlicher Lebensentscheidungen sind nicht getrennt voneinander. Sie gehören zusammen wie Zimmer in einem Haus; sie bauen aufeinander auf; sie werden immer wieder auf einer neuen Ebene einer Lebensstufe und Lebensspirale durchgespielt.

Zur Einübung

- Sie könnten der Frage nachgehen: Was gehört für mich alles zum Menschsein? Und was hat mir zu meiner Menschwerdung geholfen?
- Schreiben Sie sieben Worte auf, um die sich Ihr Leben dreht. Dies können z.B. Namen von Personen, Grundstimmungen, Urerlebnisse sein. Ordnen Sie diesen die wichtigsten Ereignisse Ihres Lebens zu. So entsteht ein Schöpfungsbericht Ihres Lebens.
- Eine biblische Besinnung könnte sein, die Schriftstelle auf sich wirken zu lassen, in der das Wort »Ja« ein Name, eine Bezeichnung für Jesus ist: »Gottes Sohn Jesus Christus... ist nicht als Ja und Nein zugleich gekommen, in ihm ist das Ja verwirklicht. Er ist das Ja zu allem, was Gott verheißen hat. Darum rufen wir durch ihn zu Gottes Lobpreis auch das Amen« (2 Kor 1,19f.).
  Jesus sagt nicht nur »Ja« und er ist nicht ein bloß schwacher »Ja-Sager«, sondern er ist das Ja, auch dann, wenn er sagt: »Ich aber sage euch!«
  Wie sagt Jesus in seinem Leben »ja« und »nein« und bringt so »die Fülle des Lebens«?

- Ich könnte den Rhythmus des Atems in mir wahrnehmen und beim Ausströmen des Atems immer auf das göttliche »Ja« zu mir lauschen.
- Eine aufschlussreiche Lebensbesinnung wäre die Antwortsuche auf die Fragen hin: Was sind die zehn wichtigsten »Ja« und die zehn wichtigsten »Nein«, aus denen sich mein Leben »zusammensetzt« – sei es ein Ja oder Nein, das zu mir gesprochen wurde, sei es, dass ich dieses Ja bzw. Nein gesagt habe?

Wie nutze ich »Das siebenfache Ja«?

An vielen Stellen des Buches werden Übungen vorgeschlagen. Andere haben mehr erklärenden Charakter. Die folgenden Hinweise möchten zeigen, wie das Buch noch mehr als Quelle für die eigene spirituelle Praxis genutzt werden kann.

Aus vielen Gedanken lässt sich eine *lebensgeschichtliche Besinnung* machen: Wie kam dies in meinem Leben vor? Wann zum ersten Mal? Wie habe ich es erlebt? Wie hat es sich ausgewirkt?

Für alles finden sich Stellen in der Bibel, so dass eine *Schriftmeditation* daraus werden kann. Manche Schriftstellen finden sich im Text selber. Andere fallen Ihnen vielleicht von selber ein. Spontanes Aufschlagen und Durchblättern der Bibel kann jemandem kostbare Stellen zuspielen. Wer eine Wortkonkordanz zur Heiligen Schrift hat, der kann dort nachschlagen und fündig werden.

Wenn sich in einer Meditationszeit das Vielerlei auf ein einzelnes Wort hin vereinfacht, kann man dieses Wort bzw. diese Anrede während einer Gebetszeit im Atemrhythmus wiederholen und so in einem *»einfachen Beten«* bleiben.

Sicher würde Ignatius auch empfehlen, mit sich selber und dem, was in einem ist, einfach *in der Gegenwart Gottes* zu bleiben.

Eine wichtige Vertiefung kann die *Übung der Achtsamkeit* sein. Das bedeutet, dass man vielleicht eine Woche lang damit lebt, in besonderer Weise auf die Rolle von Dankbarkeit, von Freiheit, von einem biblischen Wort oder was einem besonders wichtig erscheint, im eigenen Leben zu achten. Man kann dann – beim Heimfahren mit der Straßenbahn bzw. jeden Abend zuhause – ein paar Minuten aufmerksam auf das Erleben des Tages zurückschauen und daraus zu lernen versuchen. Man kann auch schauen, ob man mit jemandem über ein Thema, das einen anspricht, ein *Gespräch* führen kann. Auch dies kann eine geistliche Übung sein, die weiterführend ist.

Auf diese Weise kann das Büchlein mit seinen Themen für die, die es wollen, zu einem *Übungsbuch* werden, das noch über die in den einzelnen Abschnitten vorgeschlagenen Übungen hinausgeht. Was würde mehr dem Exerzitienbuch, dem Übungsbuch, entsprechen, als die Kunst des Lebens einzuüben?

1. Das Ja zur Sehnsucht nach mehr Lieben

Mit diesem Kapitel beginnt die Darstellung des geistlichen Lebens als eines siebenfachen Ja. In den verschiedenen Abschnitten geht es um ein Grundverständnis von Exerzitien, Spiritualität, Gebet, Schriftmeditation, Schweigen und inneren Haltungen wie Sehnsucht, Achtsamkeit und Geduld beim Üben. In etwa entspricht dies den 20 Vorbemerkungen und verschiedenen anderen methodischen Hinweisen von Ignatius im Exerzitienbuch. Mit Hilfe der verschiedenen Textabschnitte kann man prüfen, ob in einem Sehnsucht nach »mehr Leben«, nach einem Wachsen im Lieben wach ist. Dies ist die entscheidende Voraussetzung sowohl für ignatianische Exerzitien wie für eine wache Lebendigkeit im ganz normalen Leben.

20 Vorbemerkungen – und eine Umarmung

Keine Angst! Es werden in diesem Abschnitt nicht die 20 (!) Vorbemerkungen von Ignatius genannt und ausgedeutet, die er an den Anfang des Exerzitienbuches stellt. Aber deren Hauptbotschaften und das darin enthaltene Verständnis von Spiritualität und Exerzitien soll ein wenig vermittelt werden.

Für *geistliche Übungen* in seinem Sinne, so stellt Ignatius klar, müssen drei Bedingungen wenigstens anfänglich gegeben und gewollt sein (vgl. EB 1):

- Es muss *geübt* werden;
- es geht um *geist-liches* Leben, d.h. um Leben aus Glauben – Hoffen – Lieben;

– und alles Beten und Üben zielt darauf hin, als Antwort auf die Berührung mit dem *Liebeswillen Gottes das eigene Leben zu gestalten* zu suchen.

Als entscheidende *Einstellungen* für einen solchen Weg werden genannt: die Fähigkeit zum ruhigen Wahrnehmen, zur Einfachheit, zur Achtsamkeit; seelische Weitherzigkeit und Großzügigkeit, innere Freiheit, der geduldige Wille zum Weg, Offenheit im Gespräch und die Bereitschaft, sich geistliche Übungen geben zu lassen.

Der Raum des äußeren *Schweigens* – für viele sehr ungewohnt – und der inneren Stille werden als wesentlich für inneres Freisein und Hören und Annäherung an Gott angesehen.

Als *Sinnziel* gibt Ignatius in einem sehr herzlichen Bild an: dass der Mensch sich von Gott umarmen und so die lebensgestaltende Liebe in sich wecken lassen solle bzw. dürfe (EB 15).

Such mal! – Lebensentwürfe

»Was suchen Sie? – Wenn ich das wüsste. Es ist so, dass ich mich eher getrieben fühle, etwas zu suchen, als würde etwas hinter mir herlaufen und sagen: Such mal. Ich habe einfach das Gefühl, es gibt etwas zu finden.« – So Benjamin Lebert, ein jugendlicher Erfolgsautor, in einem Interview. Und weiter: »Schreiben ist für mich der Versuch, gerettet zu werden ... – Gerettet vor was? – Das Ziel ist, dass ich irgendwann den Satz sagen kann, und er stimmt: Es ist alles gut. Ich habe dieses Gefühl nie, dass alles gut ist. Dieses Gefühl, dass einen jemand bei der Hand nimmt. Aber das muss man selber machen, man muss sich selber bei der Hand nehmen, das ist so traurig.«

Ignatius beginnt seinen autobiographischen Bericht mit den Worten, dass er bis zu seinem 26. Lebensjahr an nichts mehr Gefallen fand als an Turnieren, Ehre und höfischem Leben. Das änderte sich nach seiner Schussverletzung, die ihn an den Rand des Todes brachte. Statt Großtaten für einen weltlichen Herrn wollte er Großtaten für Gott und im Dienst Jesu tun. Seine spätere, wohl tiefste Antwort auf die Frage, was ihn erfülle, was ihm genüge, lautete: »*Deine Liebe und Gnade genügt mir*« (EB 234). – »Ésta me basta«, so heißt es kurz und bündig im Spanischen.

Zur Einübung

Leben ein- und auszuüben heißt, mit den Bewegungen und Fragen zu leben:

– Spüre ich ein leises, fast unnennbares, aber dauerndes Getriebensein, Gelocktsein?
– Aus welcher inneren Situation möchte ich gerettet werden?
– Mit welchem Satz oder Wort würde ich Rettung ausdrücken wollen?
– Was würde mir genügen und tiefsten Frieden schenken?

Jedermann ist spirituell

Je nach Dramaturgie und Schauspielerstimme hallt das »Jedermann!« eindringlich bei den Salzburger Festspielen über den großen freien Platz. Jeder Mann und jede Frau ist mitten im Feiern, im Essen, im Plaudern, im Flirten durch den Tod angefragt: Wie steht es mit deinem Leben? Was ist dein Leben? Was treibt dich und was treibst du? Wes »Geistes Kind bist du?«

Dies kann man so verstehen: Jeder Mensch ist spirituell. Das Wort »Spiritualität« kommt aus dem Lateinischen und bedeutet Atem – Wind – Geist. Spiritualität ist die Lebendigkeit des Menschen.

Spiritualität ist die Antwort auf die Fragen: *Wozu, wodurch und wie lebt ein Mensch?*

Spiritualität ist, wie jemand lebt; sie ist die Weise, wie das Lebensziel sich im Lebensstil ausdrückt. Drückt sich bei Einzelnen oder einer Gesellschaft darin eine »Ellbogenmentalität« aus, die der Prophet Zefanja mit den Worten auf den Punkt bringt: »Ich und sonst niemand« (Zef 2,15)? Oder ein extremer Konsumismus, den Paulus mit den Worten kennzeichnet: »Ihr Gott ist der Bauch« (Phil 3,19)? Oder gilt: »Die Liebe Christi drängt uns« (2 Kor 5,14)?

In der Heiligen Schrift ist Spiritualität der Liebesatem Gottes in uns. Spürbar wird er im Lebenshauch Gottes im Menschen (vgl. Gen 2,7), in prophetischer »Be-Geist-erung« und besonders in den »Früchten des Geistes und des Ungeistes« (vgl. Gal 5,13–26): im Lieben und Hassen, Freisein und Zwanghaftigkeit, Egoismus und Dasein-für, Zerstörung und Aufbauen, Lüge und Wahrhaftigkeit. – Auf dem Exerzitienweg zu sein heißt, für diese Regungen, Emotionen, Motive des Geistes immer aufmerksamer zu werden – in Exerzitien und im Alltag.

Zur besseren Übersicht kann man sich dem spirituellen Geschehen ein wenig wortspielerisch, aber doch wirklichkeitsnah auf vier Ebenen nähern, auf denen unser Leben spielt: Mit *Halt* ist unser »letzter Halt« gemeint, auf den wir uns verlassen, hoffen und bauen; mit *Haltungen* Vollzüge wie Großzügigkeit, Güte, Vertrauen, Freiheitlichkeit, Versöhnlichkeit, Hoffnung bzw. deren Gegenteil; mit *Verhalten* ist unser Reden und Tun, unsere Mimik, unser konkretes Begegnen

gemeint; mit *Verhältnisse* äußere Bedingungen: Besitz, Beruf, Lebensstil usw.
Mit diesen Worten bzw. Unterscheidungen kann man sich im Alltag oder auch in Exerzitien fragen: Auf welcher Ebene »spielt« gerade vornehmlich »die Musik«? Worauf könnte und sollte ich mehr achten?

Zum Einüben
Was ist Leben für mich?
Leben ist für mich wie ...
Was sind Leitsätze meiner »Lebensphilosophie«?
Was sind zehn meiner eigenen Lebensweisheiten?
Was wären Kapitelüberschriften über meine bisherige Lebensgeschichte?
Was sind die bedeutsamsten Erlebnisse meines Lebens?
In welchem Sinne gibt mir mein Glaube, das Evangelium Jesu Christi Leben? Oder hindert es auch scheinbar oder wirklich daran?

Ignatianische Spiritualität: Liebevoller leben

Jeder Mensch ist auf seine eigene Weise spirituell. Und doch gibt es Spiritualitäten von Gemeinschaften und Bewegungen. Eine davon ist die ignatianische Spiritualität. Sie sei schwierig zu vermitteln, heißt es nicht selten. Da ist einiges dran. Und dies ist sogar ein wenig ihr Kennzeichen und Qualitätsmerkmal: Sie ist komplex – weil unsere Wirklichkeit vielfältig, differenziert ist. Und doch kann man mit zwei Worten die Herzmitte und Dynamik der ignatianischen Spiritualität ausdrücken: *Liebevoller leben.*
Ist dies nun nicht gar zu einfach und gilt das nicht für alle christlichen Spiritualitäten? Ja und nein. Ja, weil hierin nach den Worten Jesu die Mitte christlicher

Spiritualität ausgesagt ist: »Gott aus ganzem Herzen und mit allen Kräften zu lieben und den Nächsten wie sich selbst.« Nein, weil die Formulierung »liebevoller leben« von einem eigenen, ignatianischen Geist durchatmet ist (vgl. den Abschnitt über die »Betrachtung zur Erlangung der Liebe«, Seite 91f.).
Diese Eigenart drückt Ignatius oft mit dem Wort »magis«, d.h. »mehr« aus. Wer liebt, will immer mehr geben und mehr empfangen. Dies nicht als dauernde Selbstüberforderung, sondern als freie Antwort. Teresa von Avila beschreibt die Sehnsucht nach Wachsen im Lieben einmal mit dem Bildwort: »Die Liebe begnügt sich nicht, auf der Stelle zu treten.« Gehen ist die Gangart des Liebens.
Bei dieser komparativischen Wachstums-Liebe (für Hans Urs von Balthasar der Kern ignatianischer Spiritualität) stellt sich natürlicherweise immer die Frage: Wie begegne ich anderen aufmerksamer, hilfreicher, liebevoller? Und darum spricht Ignatius von der *unterscheidenden Liebe* (discreta caritas) und gibt eine Fülle von Hilfen dafür.
Mit *»leben«* kommt in der Wendung »liebevoller leben« zum Ausdruck, dass das Evangelium ein Glaube ist, der die Erde liebt. Diese Einheit von Glaube und Leben drückt Ignatius mit dem einprägsamen Satz aus: »In allem Gott suchen und finden.«

Zum Einüben
– Was ist die Mitte meines Lebens?
– Wie umschreibe ich »lieben«?
– Meine »Liebes-Geschichten«?
– Wie wurde mir Liebe geschenkt?
– Was gehört zu »meiner Spiritualität«?

Wer übt, hofft – Die Kunst des Lebens

Musik kann nur spielen, wer von Musik begeistert ist – und übt und übt und übt. Sprache, Kommunikation, Berufsarbeit, alles was »üblich« ist, unsere ganze Kultur, lebt vom Üben, von »Inspiration und Transpiration«. In diesem Sinne konnte Erich Fromm einen Bestseller mit dem Titel »Die Kunst des Liebens« schreiben. Viele Worte bezeichnen Sinn, Notwendigkeit und verschiedene Aspekte jenes Übens, von dem der Volksmund sagt: »Übung macht den Meister«:

- Der Philosoph O.F. Bollnow formuliert die Erkenntnis: »Vom Kennen zum Können führt nur das Üben.«
- Arnold Gehlen drückt prägnant die Erfahrung aus: »Gewohnheiten sind die Muskeln der Seele.«
- In der Formulierung »Wer übt, hofft« (A. Lefrank), zeigt sich die Haltung der Demut, die aus »Versuch und Irrtum« (»by trial and error«) lernt und darin Hoffnung zum Ausdruck bringt.

Wer lebt, übt, und wer übt, exerziert, d.h. macht Übungen. Exerzieren kommt von exercitus, d.h. Heer; gemeint ist damit: »ex arce«, d.h. »raus aus der Burg!« Vielleicht könnte man sagen: »Heraus aus deiner Ich-Burg in die Weite des Lebens!«

Zum Einüben

Wer üben will, tut gut daran zu fragen:

- Was genau will ich üben?
- Und warum will ich üben?
- Und was will ich zuerst üben?
- Was sind die Mittel dabei?
- Gibt es Teilschritte? Teilziele? Welche?
- Wen mache ich zu Mitwissern meines Übens?

– Kann mir jemand helfen? Etwa indem ich ihm drei Monate lang jede Woche zehn Minuten von meinem Üben erzählen darf.
– Bin ich bereit zu üben, zu üben, zu üben (zu »bleiben«, johanneisch ausgedrückt)?

Im Sinne von Ignatius könnte man sagen: »Der Wille zum Ziel ist so ernsthaft wie die aktive Bereitschaft zur Ergreifung der Mittel.« – Möchte ich träumen oder Träume verwirklichen?

Daseinstourismus – Pilgerschaft

»Homo viator«, »Mensch auf dem Weg« lautet eine alte Bezeichnung für den Menschen. Wie sind wir auf dem Weg? Gehetzt, bummelnd, schauend? Als Daseinstouristen? Sind wir fahrende Gesellen, die Erfahrungen sammeln wollen? Schatzsucher? Weltenbummler? Gehetzte auf der Flucht? Vertriebene? Touristen am Rande oder in der Mitte des Universums? – Ignatius verstand sich als Pilger. So hat er immer wieder Briefe unterschrieben: »Der Pilger«.

Die Einladung zum ersten Ja, zum ersten Lebensbereich, stellt Fragen nach dem Weg des Menschen, nach der Sehnsucht, die ihn treibt, nach den Zielen und *dem Ziel* und dem Willen zum Ziel seines Lebens.

Fragen zur Besinnung
– Bin ich auf dem Weg?
– Auf welchen Wegen und Abwegen und Umwegen und Irrwegen, Heimwegen bin ich?
– Wie würde mein Weg-Spruch lauten? Wie jener bekannte mittelalterliche: »Ich weiß nit woher, ich weiß nit wohin, mich wundert, dass ich so fröhlich bin«? Oder habe ich eine andere Daseinspoesie?

- Ignatius nennt sich »Pilger«. Habe ich eine eigene spirituelle Selbstbezeichnung für mich?
- Verstehe ich mich als Mensch, in dem Reifen und Wachsen und Wandlung geschieht? Spüre ich eine Resonanz bei dem Text von Antoine de Saint-Exupéry: »Ich sage dir: Es gibt keine göttliche Amnestie, die dir das Werden erspart. Du möchtest sein: Du wirst nur in Gott sein. Er wird dich in seine Scheune einbringen, nachdem du langsam durch deine Handlungen geworden und geknetet sein wirst; denn der Mensch braucht lange zum Geborenwerden.«

Wer bei diesen Worten eine Resonanz findet, der ist auf dem Weg. Und der kann auch einmal fragen, ob Exerzitien – Ignatius vergleicht sie mit dem Wandern – ein Weg, eine Weghilfe sein könnten.

Die Sehnsucht ist der Anfang von allem (Nelly Sachs)

»Mehr Meer!« – so haben ignatianisch orientierte Jugendliche der Gemeinschaft Christlichen Lebens (GCL) auf dem Hamburger Katholikentag auf ein Plakat geschrieben und so das »magis/mehr« des Ignatius ausgedrückt. Die Welt, das Leben von Kindern, Jugendlichen, Erwachsenen wird in Gang gehalten durch Wünschen, Wollen, Verlangen, Ersehnen, Begehren, Trachten-nach bis hin zu Gier und Sucht. – Wie mühsam, wenn man eine Arbeitsgruppe nicht richtig motivieren kann. Und geradezu grausam, so erzählen Menschen mit schweren Depressionen, wenn sie ohne irgendwelche Antriebe und Ziele nur noch herumhängen können.

Ignatius weiß um die Bedeutsamkeit der Sehnsucht im Leben und in den Exerzitien. Vor jeder Gebetszeit soll man sich fragen, was man ersehnt, und diesen Wunsch betend ausdrücken. Kontakt mit sich selber, dem eigenen Suchen aufzunehmen ist ein wichtiger, belebender Gebets-Schritt.

Augustinus schreibt einmal: Die Sehnsucht – nach Gott – ist das »immerwährende Gebet«. Sie lebt in uns manchmal gesättigt, oft als Durst. In Gott nur kommt sie ganz zur Ruhe.

Zum Einüben

- Man kann beim Spazierengehen, beim Meditieren, beim Beten sich der eigenen Wunschwelten und damit seiner selbst bewusster werden: »Sage mir, was du ersehnst – und ich sage dir, wer du bist.«
- Wenn ich nur einen einzigen Wunsch vor Gott für mein ganzes Leben frei hätte – welcher wäre es? Für Ignatius war es die Bitte, dass all sein Denken, Wollen und Tun ausgerichtet seien auf die Herrlichkeit, das Lob und den Dienst Gottes. Mit dieser Bitte begann er alle Exerzitien-Gebetszeiten (vgl. EB 46).

Beten wie Michail Gorbatschow?

»Geh und schlafe deinen Rausch aus; dann komm und bete!« So lautet der nicht eben einfühlsame Ordnungsruf des Hohenpriesters im Tempel zu Silo. Gott sei Dank hat die so Angefahrene, Hanna mit Namen, deutlich reagiert: »Ich bin eine unglückliche Frau. Ich habe weder Wein getrunken noch Bier; ich habe nur dem Herrn mein Herz ausgeschüttet« (1 Sam 1, 15).

Es ist dies eine der anrührendsten und vielsagendsten Gebets-Szenen: Beten heißt, »sein Herz vor Gott ausschütten«. Es kann dies geschehen als Klage, Jubel, Notschrei, Lobpreis, Frage, Rechten, Kämpfen, Ankla-

ge und Einwilligung. Ursprung aller Psalmen – allen Betens – sind die innersten Regungen des Menschen, die Begegnung suchen – mit Gott und mit sich selber. Es gibt viele Umschreibungen von Beten: »Beten ist das Atmen der Seele« (Thomas von Aquin). »Gebet ist ein Feuer des Herzens, es ist ein einfacher Blick zum Himmel, es ist ein Ausruf der Dankbarkeit und Liebe inmitten der Prüfung und inmitten der Freude« (Therese von Lisieux). Vielleicht eine der schönsten und überraschendsten Aussagen, weil sie aus einem Interview mit Michail Gorbatschow stammt, lautet: Beim Beten geht es »um das Bewusstsein eines inneren Seelenzustandes, bei dem sich der Mensch seiner Liebe zu Gott und der Liebe Gottes zu ihm selbst erfreut.«
Es gibt viele Erfahrungen mit dem eigenen Beten und viele Bücher dazu. Doch vielleicht ist eine der wichtigsten Aussagen zum Beten die des heiligen Paulus: »Wir wissen nicht, wie wir beten sollen, aber der Geist betet in uns mit unaussprechlichem Seufzen« (Röm 8,26). – Sollte Beten heißen: sich selber dem leisen Gebetsstrom des Heiligen Geist in sich zu überlassen und so beten zu lernen?

Zur Einübung

- Wie schaut die Geschichte meines Betens aus?
- Was sind meine ersten Erinnerungen?
- Wie hat sich mein Beten weiter entwickelt?
- Was sind meine Bilder und Umschreibungen für mein Beten?
- Welche Gebete sprechen mich besonders an?
- Welche Gebetsweisen sind mir vertraut, welche fremd?
- Was sind Schwierigkeiten meines Betens?
- Was hilft mir zum und beim Beten?

So sollt ihr beten (Mt 6,9) – Ja, wie denn?

Das Herz auszuschütten ist eine Urquelle von Beten. Es gibt andere Formen und Weisen, die kurz vorgestellt werden sollen:

Eine könnte man das *Daseins-Gebet* nennen. Einfach da zu sein in der Gegenwart – oder auch spürbaren Abwesenheit des »fern-nahen« Gottes.

»Er schaut mich an und ich schaue ihn an« ist die Antwort eines einfachen Bauern auf die Frage des Pfarrers von Ars nach seinem Beten.

Sich sehen lassen kann eine Art therapeutischen Betens sein: Gott den eigenen Psychotherapeuten sein lassen (vgl. Psalm 139), das heißt, alle Nöte, Ängste, Gedanken, Bewegungen, Wünsche, Sehnsüchte vor ihm und seinem Liebes-Auge da sein lassen.

Beten mit einem Satz oder einem Wort. Diese Gebetsweise sei mit einem Vergleich verdeutlicht: Auf Glocken stehen manchmal Worte oder Sätze wie »Freiheit«, »Gloria in excelsis Deo«, »Friede« usw. Man kann solch ein wichtiges Wort nehmen und es gleichsam »anschlagen« und in der Seele nachklingen lassen, bis andere »Gefühls-Gedanken-Geräusche« laut werden, und dann das Wort, den Satz wiederholen. Also nicht darüber nachdenken wie in einer Meditation, sondern die Seele schwingen lassen. So kann man »im Wort« und in Gott, in Christus »bleiben«, wie im Evangelium von Johannes gerne gesagt wird.

Man kann aber auch ohne langes Ausschwingen ein einzelnes Wort immer wieder wiederholen, wie dies beim Jesusgebet geschieht; oder auch beim Vaterunser. Für die spirituell so lebendige Französin Simone Weil, die bewusst auf der Schwelle zur Kirche stehen blieb, war das Vaterunser ein wichtiges Gebet. Sie glaubte, dass ein einziges, regelmäßig in großer Aufmerksamkeit gebetetes Vaterunser einen Menschen verwandle und in Gott hinein führe. Man kann auf diese Weise auch 20 Minuten oder eine Stunde das Vaterunser wiederholend und in Aufmerksamkeit beten – »So sollt ihr beten!«

Ebenen und Ausdrucksweisen des Betens

Der »Papst des Lächelns«, der Papst der 33 Tage, der Papst, der Gott »Mutter« nannte, Johannes Paul I., erklärte einmal mit einem einfachen Beispiel Weisen und Stufen des Betens. Ausgangspunkt ist der Geburtstag des Vaters.

Das kleinste Kind kommt mit einem Blumenstrauß und einem auswendig gelernten Gedicht. Der älteste Sohn hält eine kurze Rede, in der er ausdrückt, was der Vater ihm und der Familie bedeutet. »Das Fräulein Tochter« hat nur einen Strauß roter Nelken und bringt beim Überreichen kaum ein Wort heraus. Seine Frau schließlich schaut ihn nur liebevoll ein paar Augenblicke an und umarmt und küsst ihn.

Dies, so Johannes Paul I., seien die Stufen des Betens: Es gibt *das mündliche Gebet*, das sich an Gesten, an gelernten Gebeten ausrichtet. Die zweite Weise ist die der *Meditation,* die *Be-Sinn-ung* meint und aus Besinnlichkeit kommt. Eine dritte Weise ist das *affektive Gebet*, das stark von inneren Empfindungen geprägt ist. Die vierte Weise ist schließlich die des *einfachen Betens*. Sie ist stilles, ganz aus der Herzmitte kommendes Verweilen in der Gegenwart dessen, dessen Name ist: »Ich-bin-der-Ich-bin-da« (Ex 3,14).

Für alle Gebetsweisen gilt: Gebet ist nur dann Gebet und nicht bloßer »Lippendienst« (»aber euer Herz ist

weit von mir«; Jes 29,13), wenn es Ausdruck von Beziehung, Begegnung, Einung ist.
Es gilt für das Beten, was für das Leben gilt: Es gibt so viele Ausdrucksweisen, Nuancen, Gestalten, wie es Menschen, menschliche Wachstumsstufen und Situationen gibt. Ja, in gewissem Sinne *ist* der Mensch selber Gebet und das Beten ein geschöpflicher Grundakt. »Ich bin Gebet« will – biblisch ausgedrückt – sagen: Mein ganzes Sein ist auf dich hin gerichtet; »Wie der Hirsch nach frischem Wasser, so lechzt meine Seele nach dir, o Gott« (Ps 42,2).

Ignatianische Schrittfolge der biblischen Christusbetrachtungen

Meditieren geschieht oft spontan: wenn eine werdende Mutter innerlich bei ihrem Kind ist; wenn zwischen zwei Menschen ein tiefes Gespräch und Verstehen geschieht; wenn jemand still und ruhig sich auf wesentliche Fragen seines Lebens einlässt. In Exerzitien geschieht dies »nur« in einer etwas größeren »Genauigkeit« und mit mehr Zeit. Bei Ignatius sieht der Meditationsweg etwa folgendermaßen aus:
– *Das Vor-wort – die entfernte Vorbereitung*
Man wählt einen »Stoff« aus, vielleicht schon am Abend zuvor: eine Textstelle aus der Bibel oder ein sprechendes Lebensereignis. Man liest sie, man denkt ein wenig nach. Und man kann am Morgen beim Aufwachen innerlich die Stelle wachrufen.
– *Der Ort – die Einstimmung*
Man wählt bewusst einen (vielleicht immer gleichbleibenden) Ort, eine Meditationsecke u.ä. aus – auf einem Stuhl oder einem Hocker und in einer Haltung, die für einen hilfreich ist. Dort geschieht eine

Bewusstseinserweiterung durch eine »Positionierung« im Universum – vor Gott und in Gott.

Die geistige Verortung geschieht für Ignatius durch sein immer gleich bleibendes »allgemeines Vorbereitungsgebet«: »Herr, mein Gott, gib, dass all meine Absichten, Handlungen und Betätigungen rein auf den Dienst und Lobpreis deiner göttlichen Majestät hingerichtet seien« (vgl. EB 46).

– Das Wort – die Hinführung zum Text

Mit Text und Wort sind hier sowohl das Wort des Evangeliums wie auch das Wort des Lebens, die Botschaften des Lebens gemeint. Die Verlebendigung geschieht zunächst durch langsames, aufmerksames Lesen; dabei und danach durch den Aufbau des Schauplatzes, bei dem man sich die Szenerie, die Kulisse möglichst direkt und sinnenhaft, mit allen Sinnen zu vergegenwärtigen sucht. Bevor es dann richtig »losgeht«, lässt Ignatius den Betenden seine Sehnsucht für diese spezielle Gebetszeit ausdrücken. Er glaubt an die Kraft von Herzenswünschen.

– Das Gespräch – lebendige Begegnung

Hier geht es um die lebendige Begegnung mit dem Text bzw. mit der Wirklichkeit, die sich darin zeigen möchte bzw. die ich darin suche. Dabei hilft es, die handelnden Personen und die Dramatik und Richtung des Geschehens möglichst lebhaft wahrzunehmen; an wichtigen Punkten länger zu verweilen; bei dem zu bleiben, was mich anspricht, bewegt, aufregt, anlockt, in Frage stellt, fasziniert; oder auch mit dem umzugehen, was zunächst widerständig ist wie eine harte Nuss, deren wohlschmeckender Kern nicht immer gleich »geknackt« ist – weshalb Ignatius sehr die Wiederholungsbetrachtungen schätzt.

Wenn die Meditation zur inneren Begegnung wird,

dann lädt Ignatius zu einem *Zwiegespräch* ein: mit Gott, mit Christus, mit Maria bzw. mit Personen der meditierten Geschichte. Dies gibt den inneren Bewegungen noch einmal eine neue Intensivierung und Ausrichtung. Den Abschluss kann ein vertrautes Gebetswort wie das Vaterunser, eine Verneigung, ein Kreuzzeichen u.ä. bilden.

– *Das Nach-wort – Rückblick und Auswertung*

Nach dem Abschluss der Gebetszeit lässt Ignatius noch einmal einige Minuten auf die Gebetszeit zurückblicken: Wie war die Gebetszeit? Was fällt mir auf? Was klingt nach? Was möchte ich mir mit einigen Stichworten notieren, damit es besser nachwirkt? Was möchte ich, dass es weitergeht in meinem Leben?

Bei so vielen Schritten und Schrittchen kann man wie ein Tausendfüßler, der zu sehr »mit dem Kopf« seine Füße koordinieren will, aus dem Tritt geraten. Darum ist es wichtig, noch einmal zu sehen und zu betonen: Sinn des Meditierens ist »nur«, in eine möglichst lebendige Begegnung mit sich selbst und mit Gottes Geist zu kommen.

Es kann sein, dass jemand nicht so sehr mit inneren Bildern arbeiten kann, dafür mit Vergleichen, Geschichten usw. Ignatius würde sagen: »Was dir je mehr hilft, darauf lass dich ein!« Und wenn du eine Einladung zur Vereinfachung und Vertiefung verspürst – gib dem nach; die »Wiederholungsbetrachtungen« sollen dazu helfen.

Sinn-volle Weisen der Schriftmeditation

An das Wort das Ohr halten wie an eine Muschel; mit ihm wie mit einer Taschenlampe das Leben beleuchten; es experimentell gebrauchen wie eine Handlungsanweisung; es als Frage an sich selber verstehen.

Es gibt viele Weisen, sich der Wirklichkeit im Wort zu nähern. Einige davon seien aufgezählt:

- Die kommenden *Worte des Textes abdecken* und dann jedes einzelne Wort aufdecken. Durch dieses systematisch aufmerksame Lesen kann man jedes Mal neue Entdeckungen machen.
- Den Text *in der Ich-Du-Form* lesen: Statt »und Jesus sagte zu Bartimäus ...« – »und da sagtest du zu mir ...« So gelesen kann der Text viel sprechender werden.
- Die Vorstellung, den Text *in einem katechetischen Spiel* aufzuführen und dabei der Regisseur für eine Laienspielschar zu sein, kann dazu führen, dass man sich in jede Person, in eine eigene Rolle und in die Sinnrichtung des Textes einfühlt.
- Es kann auch helfen, sich schlichte *Fragen* zu stellen wie: Was bewegt der Text in mir spontan? Was ist denn die Hauptbotschaft des Textes? Was weckt Fragen und Empfindungen und Erinnerungen in mir? Wo fühle ich die stärkste Verbindung mit meinem Leben und Suchen?
- Nicht nur verschiedene Methoden können helfen, den Schriftsinn zu erschließen, sondern auch ein *Grundverständnis der Bibel,* das ihren eigenen Vorstellungen entspricht. Sie sagt uns selber, wie sie möchte, dass man sie versteht und mit ihr umgeht: Dies ist geschrieben, damit Vertrauen und Christusbeziehung und Leben in euch wächst (vgl. Joh 20,31). – Dies ist geschrieben, damit Gemeinschaft und vollkommene Freude wächst (vgl. 1 Joh 1,3f.). – Dies ist geschrieben, damit die Liebe zu Gott, den Nächsten und zu euch selber wächst (vgl. Mk 12,30–32). – Dies ist geschrieben, damit ihr die Botschaft tut (vgl. Lk 10,25–37; Jak 1,22–25). – Dies ist geschrieben, damit manchmal heilsamer Schmerz in euch

geweckt wird (vgl. Hebr 4,12). – Dies ist vor allem geschrieben, damit durch das Wort Christus selber in euch wohnt und Wurzel fasst (vgl. Eph 3,17).

Wie gehe ich mit der Bibel um? Gehe ich so mit der Bibel um, wie sie es selber möchte? Wie lasse ich sie mit mir umgehen?

Im Schweigen Annäherung an Gott

»Was, und du hast eine Woche lang nichts reden dürfen? Das könnte ich nie!« – Exerzitanten machen die Erfahrung, dass Schweigen und Stillewerden geht. Für Menschen einer Zivilisation, die einen »zutextet« und zu einer ständigen Verstopfung der Gehörgänge führt, ist Schweigen ein Weg zur seelischen Gesundung. So legt der dänische Religionsphilosoph Sören Kierkegaard einem jungen Arzt ans Herz: »Schaffe Schweigen – als Voraussetzung, dass überhaupt Heilung geschehen kann!« Und er macht auch einmal deutlich, dass Schweigen ein Wegstück des Gebetsweges ist: »Als mein Gebet immer andächtiger und innerlicher wurde, da hatte ich weniger zu sagen. Zuletzt wurde ich ganz still. Ich wurde, was womöglich noch ein größerer Gegensatz zum Reden ist, ich wurde ein Hörer ... So ist es: Beten heißt nicht, sich selber reden hören; beten heißt still werden und still sein und warten, bis der Betende Gott hört.«

Wie hören wir Gott? Manchmal hören wir Gottes Schweigen in unserem Schweigen. Immer wieder können wir seine Botschaft in unseren eigenen inneren Gedanken ahnen. Und in der »Unterscheidung der Geister«, die hinspürt, ob unsere inneren Regungen und Empfindungen »vom guten Geist« sind. Gott hat unsere menschliche Sprache zu seiner eigenen gewählt. Die Schöpfung ist sein Wort. Jeder Mensch ist sein Wort. Die Geschehnisse sind seine Sprache. »Gott umarmt uns durch die Wirklichkeit«, lautet eine berührende Formulierung. Beten und Schweigen und Hören heißt daher ganz wesentlich, sich für die Wirklichkeit öffnen zu lassen, in der Gott uns begegnen will.

Zur Einübung

Was kann zum Schweigen helfen?

Wie der Lärm viele Quellen hat, so auch das Schweigen. Im Alltag kann dies sein: ein täglicher kleiner Spaziergang; aufmerksames Zuhören (für Hören ist Schweigen Voraussetzung); aus der Hetze heraus die »Entdeckung der Langsamkeit« machen; der bewusste Genuss einer halben Minute zwischen zwei Telefongesprächen; das immer wieder gepflegte aufmerksame Gespräch mit dem Ehepartner, den Kindern, Freunden.

In Exerzitien helfen die Erfahrung des Schweigens der anderen, lange Spaziergänge, »stille Anbetung«, Verweilen in der Gegenwart des »fern-nahen« Gottes, Wiederholungsgebete, Körperübungen wie Eutonie oder Yoga u.a.

Was verspricht sich Ignatius davon? Der Mensch kann so »seine natürlichen Fähigkeiten mit mehr Freiheit gebrauchen, um das mit Eifer zu suchen, was er so sehr ersehnt«, nämlich sich Gott zu »nähern und bei ihm anzukommen« (EB 20).

Wie mit Zerstreuungen umgehen?

»Etwa 10.000 Zerstreuungen wieder heute«, sagte ich einmal meinem Exerzitienbegleiter. Und es war nicht übertrieben. In der Gebetsstille können tausend Gedanken, Gefühle, Fragen kommen. Wie mit diesen »lästigen Fliegen« umgehen? Dafür gibt es verschiedenste Hinweise:

– Zerstreuungen sind normal! – Einer Hausfrau, die über das »Feuer des Heiligen Geistes meditiert«, kann siedend heiß einfallen, ob sie den Gasherd wohl ausgemacht hat.

– Wenn die gleichen Gedanken oft kommen, kann man auch einmal fragen, was dahinter steckt. Vielleicht will sich da eine unbeachtete Frage bemerkbar machen.
– Zu Beginn der Meditationszeit ruhig atmen, einen Blick durchs Fenster in die Weite werfen, den Atem ein paar Minuten wahrnehmen oder den eigenen Leib. Dies kann helfen. Oder irgend einen gleichbleibenden Einstieg, etwa ein ansprechendes Gebetswort wählen.
– Wer in einer sehr einfachen Gebetsweise da sein möchte, dem kann man raten: Lass die Gedanken gehen und kommen wie die Wolken am Himmel. Richte dich nach oben hin aus – ob die Wolkenbilder sich jagen, alles voll Nebel ist, irgendwo ein Sonnenstrahl durchscheint oder gar der ganze Himmel aufreißt. Mache nur nicht bewusst Wolkenreisen und Phantasiespiele mit den Wolkenfiguren.

Ein schönes Wort von Franz von Sales zum Thema lautet: »Wenn dein Herz wandert oder leidet, bring es behutsam an seinen Platz zurück und versetze es sanft in die Gegenwart deines Herrn. Und selbst wenn du nichts getan hast in deinem ganzen Leben, außer dein Herz zurückzubringen und wieder in die Gegenwart unseres Gottes zu versetzen, obgleich es jedes Mal wieder fortlief, nachdem du es zurückgeholt hattest, dann hast du dein Leben wohl erfüllt.«

Exerzitien – Äußerliches und Innerliches

Ignatius spricht im Exerzitienbuch in sog. »Zusätzen« öfters von »Äußerlichem«, das in hilfreicher Beziehung zu »Innerlichem« steht:
Man solle die äußere *Haltung* einnehmen, die einem am meisten hilft: sitzen, stehen, liegen – oder auch, wie ich manchmal empfehle, wie ein geprügelter Hund in einer Ecke liegen, wenn's einem danach ist. Auch anzulehnen bei dem, der einlädt, auszuruhen bei Ihm (vgl. Mt 11,28), ist eine einzigartige Gebetshaltung.
Beim *Essen* solle man Maß halten; dies kann auch heißen, langsam, »genießerisch« zu essen oder auch durch ein Weniger zu spüren, wie gut es ist, essen zu dürfen, oder auch, wie gierig man ist.
Eigentliches *Fasten* in Exerzitien ist nur sinnvoll, wenn jemand darin Erfahrung hat, wenn es nicht ein ständiger Kampf ist und einem seelisch hilft und nicht besetzt.
Wenn es die eigene Stimmung unterstützt und den Meditationen entspricht, kann man auch auf *Licht und Dunkelheit* achten. Eine Kerze, ein Bild oder auch ein ganz leerer Raum können einem dabei helfen.
Zum vielen *Lesen* rät Ignatius bei Exerzitien auf keinen Fall. Ein wenig in der Heiligen Schrift oder einer Heiligenbiographie zu lesen, kann allerdings hilfreich sein.

Die *Natur* hat oft eine eigene beruhigende, heilende Kraft und eine eigene Botschaft. Und mancher versteht, was »der große Beter« Bernhard von Clairvaux gesagt haben soll: Die Bäume des Waldes hätten ihn mehr gelehrt als geistliche Lehrer.

Wenn es auch übertrieben ist, wenn Pascal sagt, dass es kein Problem gibt, das sich nicht im *Gehen* löse, so erfahren doch viele, wie sehr Spazierengehen lösend wirken kann.

Auch die *Mit-Exerzierenden* gehören wesentlich zum Umfeld, das ermutigt, manchmal ärgert, fast immer aber trotz, ja durch das Schweigen Gemeinschaft schenkt.

Nicht wenige haben in Exerzitien lebhafte *Träume*. Sind Träume nur Schäume oder auch »Gottes vergessene Sprache« (H. Hark)? Manche sind so klar, dass sie sich von selber auslegen. Bei manchen hilft es, sich zu fragen: Wie habe ich mich im Traum gefühlt und in welchen früheren oder aktuellen Lebenssituationen fühle ich mich ganz ähnlich? Man kann da, auch ohne eigentliche Traumdeutung, auf einiges stoßen. Nach meiner Erfahrung lohnt es sich auf jeden Fall, morgens ein wenig hinzuschauen, mit welchen Gefühlen, Worten, Bildern, Hoffnungen man aufgewacht ist. Dies weckt die Aufmerksamkeit, und nicht selten kann eine eigene Klarheit, ja eine innere Wegweisung da sein.

Am bedeutsamsten für Exerzitien ist das *hörende Schweigen*. Wenn das Wort von Thomas von Aquin: »Die Unfähigkeit zu schweigen ist eine Tochter der Verzweiflung« stimmt – welche Verzweiflungen stehen dann hinter meiner Unfähigkeit zur Stille? Was verdeckt mein innerer Lärm? So könnte man fragen. Und ebenso: Lege ich auch in meinem normalen Alltagsleben und Begegnen genügend Wert auf die Pflege des Umfeldes, der äußeren Dinge als Hilfe für inneres Geschehen?

Exerzitien sind 24 Stunden am Tag!

Mit diesem Satz versuche ich oft, deutlich zu machen, dass alles für Exerzitien wichtig ist, gleich, ob es bei Gebetszeiten, im Begleitgespräch, in Zwischenpausen, auf dem Spaziergang, beim Essen, in den Träumen usw. geschieht. Und doch ist es hilfreich, die Elemente und die Struktur eines Exerzitientages zu kennzeichnen.
Atmosphärisch prägend ist der Raum des *Schweigens* und der Stille während der ganzen Exerzitienzeit.
Das deutlichste Strukturelement sind die *viermal jeweils eine Stunde* Zeit für die Meditation, d.h. die Gebetszeiten. Wer sich angezogen fühlt, kann, wie Ignatius dies kennt, auch als fünfte Gebetszeit eine nächtliche Meditation praktizieren.
Jede Gebetszeit lässt Ignatius mit einer Rückschau (»reflexio«) beenden. Dabei schaut man auf den Verlauf, lässt Wichtiges noch einmal hochkommen, macht sich eine Notiz.
Festes Element ist auch das *tägliche Gespräch* mit der Begleitung (etwa 20 bis 50 Minuten). Dort soll alles zur Sprache kommen, was einen bewegt hat. Dort werden auch die Hinweise für den weiteren Weg gegeben.
Für nicht wenige gehört das *Erlebnis der täglichen Eucharistie* im Kreis der Mit-Exerzitanten wesentlich zum Exerzitienerleben; und für manche ebenso das *Sakrament der Versöhnung,* die Beichte.

Zur Einübung

Die Struktur eines Tages soll ein Gerüst, ein Korsett sein, kein Panzer. Darum kann sie – in Absprache mit der Begleitung – elastisch gehalten werden, ohne ihre Stützkraft zu gefährden.

Im Übrigen ist die Frage nach der Gestalt meines Tages auch für den Alltag äußerst fruchtbar: Lebe ich ihn atemlos und beschließe ihn dann abends mit einer Vollbremsung oder gibt es sinnvolle Gliederungselemente – für den Tag, für Wochen und Monate? Wieviel Zeit verwende ich für ...? – dies ist der beste Gradmesser für Wertsetzungen.

2. Das Ja zum Leben und Lieben aus Gott

Kann ich ja sagen zu mir, zu meinem Leben zur Welt, zu Gott? Um dieses Ja geht es im »Prinzip und Fundament« der Exerzitien. – »Die Annahme seiner selbst« nennt der Theologe Romano Guardini einmal die Voraussetzung für alle menschliche, spirituelle Lebendigkeit. Ohne sie kann nichts geschehen. Sie ist Fundament menschlichen, christlichen Lebens. Es gehört uns wirklich nur, wofür wir danken können. Wir sind eingeladen zum Ja des Lebens und Liebens.

Sprich, damit ich dich sehe!

Es mag überraschen, dass nach der Feststellung, um welches Ja es in den Exerzitien geht, ein Abschnitt über das Gespräch folgt. Aber genau dies ist die Reihenfolge im Exerzitienbuch: Nach dem Zielsatz folgt eine gewichtige, oft zitierte Vorbemerkung über das Gespräch. Das alte lateinische Wort »loquere ut videam te – sprich, damit ich dich sehe« sagt viel aus über das offene Gespräch. Im freien Wort offenbaren wir uns und lassen wir uns sehen. Das tägliche Gespräch in den Exerzitien spielt für deren Fruchtbarkeit eine große Rolle. Es ist eine kostbare Erfahrung, wenn ich meine dunkelsten und schönsten Wahrheiten und Wirklichkeiten frei und vertrauensvoll mit-teilen kann. Ignatius bemerkt zu Beginn der Exerzitien ausdrücklich, dass der Exerzitienbegleiter und der Exerzitant sich gegenseitig beschenken, wenn sie sich wohlwollend und verstehend begegnen: »Damit sowohl der, welcher die geistlichen Übungen gibt, wie der, welcher sie macht, sich gegenseitig mehr helfen und nützen, müssen sie voraussetzen, dass jeder gute Christ mehr dazu bereit sein muss, die Aussage des Nächsten für glaubwürdig zu halten, als sie zu verurteilen« (EB 22).

Gegenstand des täglichen, etwa dreiviertelstündigen Einzelgesprächs in den Exerzitien ist alles, was einen bewegt hat an inneren Regungen, Berührungen, Empfindungen, Träumen, Bildern, Fragen, Gedanken. Es kann helfen, sich vor dem Gespräch dafür einige Notizen zu machen.

Wenn etwas das Gespräch blockieren sollte, ist es am besten, dies baldmöglichst anzusprechen. Innere Unruhen und Ängste lösen sich nicht selten schon beim bloßen Aus- und Ansprechen.

Der Schwerpunkt des Gesprächs liegt normalerweise beim Exerzitanten. Die Hinweise und Übungen, die für den weiteren Gebetsweg mitgegeben werden, sollen eher kurz sein, »denn nicht das Vielwissen sättigt und befriedigt die Seele, sondern das Verspüren und Verkosten der Dinge von innen« (EB 2).

Zur Einübung im Alltag

Manche lernen in Exerzitien, deren Wirksamkeit auch auf dem Angebot eines exemplarischen Gesprächsgeschehens beruht, viel für die alltägliche Gesprächskultur:

Höre ich zu? Frage ich nach? Teile ich von mir selber etwas mit, oder welche Angst hindert mich daran? Kann ich zu mir selber und meinen Gefühlen und Ansichten stehen und »Ich« sagen? Arbeite ich an meiner Sprache? Stehe ich unter Redezwang? Dominiere ich viele Gespräche? Was gehört für mich zu einem »guten Gespräch«?

Wer aus diesen Fragen lernt und die Antworten einübt, erfährt vielleicht etwas von der Wahrheit des Wortes von Ignatius: »Die Liebe besteht im Kommunizieren von beiden Seiten« (EB 231).

Prinzip und Fundament

Der Text des sog. »Prinzip und Fundament« (EB 23) umfasst vom Umfang her nur eine Seite, ist aber so etwas wie der Grundriss, die Basis für alles Folgende. Hier geht es um die einfachsten und fundamentalsten Fragen: Was ist der Sinn menschlichen Lebens? Wer ist Gott? Wie gewinne ich die Freiheit, im Liebeswillen Gottes mein Leben zu leben und zu gestalten?
So grundlegend der Basis-Text ist, so sehr mag er in manchem auch etwas befremdlich wirken. Es kann sich lohnen, diese Zumutung auszuhalten.

Prinzip und Fundament
»Der Mensch ist geschaffen, um Gott, unseren Herrn, zu loben, ihm Ehrfurcht zu erweisen und zu dienen und mittels dessen seine Seele zu retten.
Und die übrigen Dinge auf dem Angesicht der Erde sind für den Menschen geschaffen und damit sie ihm bei der Verfolgung des Ziels helfen, zu dem er geschaffen ist.
Daraus folgt, dass der Mensch sie soweit gebrauchen soll, als sie ihm für sein Ziel helfen, und sich soweit von ihnen lösen soll, als sie ihn daran hindern.
Deshalb ist es nötig, dass wir uns gegenüber allen geschaffenen Dingen in allem, was der Freiheit unserer freien Entscheidungsmacht gestattet und ihr nicht verboten ist, indifferent machen. Wir sollen also nicht unsererseits mehr wollen Gesundheit als Krankheit,

Reichtum als Armut, Ehre als Ehrlosigkeit, langes Leben als kurzes; und genauso folglich in allem sonst, indem wir allein wünschen und wählen, was uns mehr zu dem Ziel hinführt, zu dem wir geschaffen sind« (EB 23).
Vor dem Hintergrund dieses Textes legt sich als Anregung zur Meditation die Frage nahe: Wie würde ich »mein Prinzip und Fundament« auf einer Seite zusammenfassen?

Vergessen Sie nie, das Leben ist eine Herrlichkeit!

Dieses Wort des Dichters Rainer Maria Rilke mag etwas von der Blick- und Zugangsweise zum Leben vermitteln: Leben ist lebenswert. Augen und Herz können trunken werden von den Schönheiten der Welt und der Natur; Menschen können überwältigt sein von der Beglückung durch das Geheimnis des Liebens; es kann jemand sein Leben lang nicht aus dem Staunen kommen, dass überhaupt etwas ist und nicht nichts. Oft nur einmalige oder doch seltene Gotteserfahrungen und religiöse Erlebnisse schenken immer wieder Menschen unendliche Nähe, Weite, Licht und unsagbares Bejahtsein. Welcher Reichtum kann im Erleben der Bereiche von Kunst, Forschung, Technik, Musik, Literatur, Abenteuer liegen! Hier kann Transparenz für Transzendenz geschenkt werden, d.h. ein Aufscheinen der Wirklichkeit des göttlichen Gottes.
Es müssen nicht immer »Spitzenerlebnisse« sein: Ein Spaziergang – »morgens um sieben, wenn die Welt noch in Ordnung ist« – kann Frische, Ruhe und Lebensfreude schenken. Eine Arbeit, die gut beendet wurde, ein gelungenes Gespräch, die Freude am Essen, eine gute Unterrichtsstunde, das Zusammensein mit

befreundeten Menschen, der Anblick eines Kindes können Ahnungen vom »Paradies« und Träume vom »himmlischen Jerusalem« schenken.

Zur Einübung: »Vergessen Sie nie ...!«
Offensichtlich sind wir von »Vergesslichkeit« bedroht. Es gilt, Maßnahmen gegen Seinsvergessenheit und vergessenes Leben zu ergreifen:
- Gibt es Herrlichkeiten in meinem Leben?
- Was möchte ich nie vergessen?
- Spüre ich eine Art »Grundeinverständnis« mit dem Leben oder ...?

»Erst mit 30 Jahren, nach einigen Exerzitientagen, habe ich angefangen zu leben.« Ein schönes Zeugnis für diesen Menschen und für gelungene Exerzitien. – Wo liegen bei mir Lebensanfänge?

Lebens-Sinn: Lob, Ehrfurcht, Dienst

»Was macht Ihr Leben sinnvoll?« Die Antwort der Naturwissenschaftlerin und Computerspezialistin in Exerzitien kam prompt: »Wenn mir aufgeht, wie die Welt funktioniert; wenn ich für andere einen guten Dienst tue; und – Gott.«
Was wäre Ihre Antwort auf die Sinnfrage? Sie können lange darüber nachdenken. Lauten die Antworten ähnlich? Ganz anders? Zweifeln Sie am Sinn eines Lebens, das tödlich endet und von so viel Wahnsinnstaten und Leiden gekennzeichnet ist? Die Antwort kann Ihnen niemand abnehmen. Hinweise und Antwortrichtungen sind möglich.
Die Antwort von Ignatius im Exerzitienbuch (EB 23) lautet: Im Loben, in Ehrfurcht, im Dienen liegt Lebenssinn.

Loben und danken heißt, dem »Herrlichen«, dem Schönen in mir Raum und Zeit geben und die Sensibilität dafür pflegen.
Ehrfurcht ist der Sinn für Größe, die Fähigkeit zu staunen und die Fähigkeit der Demut, Größe anzuerkennen – sogar noch im »Kleinen«: im Menschen und im Grashalm.
Dienen heißt, solidarisch zu leben und im Dasein füreinander Erfüllung zu finden.

Zur Einübung: Dem Sinn auf die Spur kommen
- Was erfahre ich als sinnvoll?
- Könnte ich achtsamer, aufmerksamer, rücksichtsvoller, ehrfürchtiger gegenüber Menschen und Umwelt leben und so mehr auf die Spur von Lebenssinn kommen?
- Könnte ich mich nicht öfters für etwas Sinnvolles engagieren und vielleicht erfahren: Manchmal wird man ausgenutzt, aber letztlich macht und schenkt es Sinn, füreinander da zu sein.
- Vielleicht bringt auch ein Ungenügen, ein bleibender Überschuss an Sinnbedarf die Erfahrung: »Es muss doch mehr als alles geben.« Oder wie Augustinus sagt: »Unruhig ist unser Herz, bis es ruht in dir.« Teresa von Avila schreibt: »Solo Dios basta – Gott allein genügt.«

Gott – Fehlanzeige oder was?

Ich erinnere mich an einen Theologiestudenten, der mir einmal anvertraute: »Als ich vier Jahre alt war, habe ich meine Eltern, Bekannte und Verwandte immer wieder nach Gott gefragt. Sie haben aber so komisch reagiert, dass ich damals beschlossen habe, Erwachsene nie mehr nach Gott zu fragen.« – Man könnte fragen: Wie bin ich mit mir selber in Kontakt und mit Gott und der Frage nach Gott in mir? – Exerzitien bedeuten, das Kind in mir und den Erwachsenen in mir ins Gespräch kommen zu lassen über Gott. Mehr noch: mich zu öffnen und auszurichten auf Gott.

Fragen nach Gott

Sich Gott zu öffnen kann heißen, Fragen zuzulassen und sich darauf zu besinnen:

- Was alles bedeutet für mich »Gott«?
- Was sind meine frühesten Erinnerungen an Gott?
- Wie wurde Gott mir anerzogen?
- Welche Bilder und Gefühle von Gott sind in mir?
- Wenn ich jemals Gott erfahren habe – wann war das?
- Was sind Erlebnisse, Gedanken, Worte, Zeugnisse, Menschen, die ich mit Gott verbinde?
- Was muss »passieren«, dass ich etwas »göttlich« nenne?
- Was hieße es für mich, ohne Gott zu leben?
- Würde ich anders leben, wenn es Gott nicht gäbe?
- Was heißt für mich, mit Gott zu leben?
- Was möchte ich Gott »schon immer einmal sagen«?

Gottesbilder und Gottesbeziehung

In der christlichen Tradition gibt es viele Worte und Bilder von Gott. Welches spricht mich an?

Gott ist »das höchste Gut«; der, »über den hinaus nichts Größeres gedacht werden kann«; »der, ohne den nichts ist«; der Ursprung von allem; das absolute Sein; der

Allmächtige; das unendliche Geheimnis; Alles und Nichts; der Fern-nahe; der Ewige.

Ignatius spricht paradoxerweise immer wieder von der »göttlichen Majestät« und ebenso von der »familiaritas cum Deo«, der Vertrautheit mit Gott – »zu jeder Stunde könne er ihn finden ...«, schreibt er. Gott ist für ihn der »Schöpfer und Herr« und offenbart sich zugleich in Christus als »freigebiger und menschenfreundlicher König«, der nicht herumkommandiert, sondern »bittend ruft« (EB 94) und als »Freund« begegnet (EB 54). Der Anblick von drei Blüten, der Klang eines Choralgesanges, das Antlitz von Menschen, der nächtliche Sternenhimmel können Ignatius geradezu »hineinreißen« in das unendliche Geheimnis des dreieinigen Gottes. – Was würde in meinen persönlichen Aufzeichnungen von Gott, von meinen religiösen Ahnungen und Berührungen stehen?

Mehr *biblisch inspiriert* sind Bezeichnungen wie: Gott ist Liebe, Barmherzigkeit, Friede; er ist der Schöpfer von allem, der Freund des Lebens; der Befreier; der Gerechte und Recht schaffende Herr.

Jahwe ist der Gott, mit dem Jakob kämpft, der sich im Traum offenbart und im Wirken der Geschichte. Er muss von Ijob hören: »Ich bleibe hier, und wenn er kommt und mich tötet.« Und der Prophet Jeremia rechtet mit ihm: »Ich weiß, du bekommst recht, aber ich muss mit dir rechten« (vgl. Jer 12, 1–6).

Jahwe offenbart sich als »Schöpfer und Gemahl« (Jes 54,5), als »Freund des Lebens« (Weish 11,26), als Liebhaber, der Israel als seine Braut in die Wüste führt (Hos 2,16).

Durch welche dieser Geschichten und Bezeichnungen fühle ich mich angesprochen?

Und was ist mit den »negativen Gottesbildern«: Gott

als Angstdämon; der ewig strafende Richter; der Gott, der Kriege führt und »absegnet«; der Gott, der kleinliche Vorschriften macht?

Wer sind meine Götter?

Und man kann noch anders fragen:

Wen mache ich zu Gott? Wer sind die Götter bzw. die Götzen meines Lebens?

»Ihr Gott ist der Bauch« (Phil 3,19), sagt Paulus einmal drastisch. Könnte man nicht kritisch fragen und sagen: Wer ist mein, unser Götzen-Gott: der Konsum, der Augenblick, mein Ego, ein anderer Mensch, eine Ideologie, eine Projektion?

Wo leben wir unter dem Diktat eines »Gotteskomplexes« (H.E. Richter) und meinen, allein die Welt schaffen, schultern und erlösen zu müssen – und richten sie und uns dadurch zugrunde?

Überall wo Fanatismus, süchtige Abhängigkeiten, Ideologien, Radikalismen und Extremismen Regie führen, sind Tendenzen zu Verabsolutierungen, d.h. Vergötzungen am Werk.

Der Gott Jesu Christi

Von Jesus Christus, dem Logos, heißt es: »Niemand hat Gott je gesehen. Der Einzige, der Gott ist und am Herzen des Vaters ruht, er hat Kunde gebracht« (Joh 1,17). Welche »Kunde« hat Jesus von Gott gebracht? Wer war sein Gott? Wie hat er mit und in ihm gelebt? Sein Tun, sein Reden, sein Heilen, sein Sterben und seine Zeugen sprechen davon: Der Gott Jesu Christi geht als »guter Hirte« in Jesus den Menschen nach. Der Gottes-Himmel freut sich über einen Sünder, der umkehrt, mehr als über 99 Gerechte. In jedem Menschen begegnet man ihm oder übersieht ihn. Er ist der

Gott jenes Reiches, dessen Grundgesetz lautet: »Du sollst den Herrn, deinen Gott lieben mit ganzem Herzen, mit ganzer Seele und mit all deinen Gedanken. Das ist das wichtigste und erste Gebot. Ebenso wichtig ist das zweite: Du sollst deinen Nächsten lieben wie dich selbst. An diesen beiden Geboten hängt das ganze Gesetz samt den Propheten« (Mt 22,37–39).

»Appetit nach Gott«
Thomas von Aquin sagt einmal: *»Gott ist, wonach alle Appetit haben.«* Andreas Knapp führt auf eigene Weise in seinem Gedichtbändchen »Weiter als der Horizont. Gedichte über alles hinaus« diesen Gedanken aus:

Projektionen
Vor lauter Durst/ tagträume ich/ von Fanta, Fürstenberger und Frascati./ Sollten alle Getränke deshalb/ nur Trugbilder sein?
Ausgehungert male ich mir/ ein überbordendes Festmahl aus/ mit Kaviar, Canneloni und Calamari./ Sind jene Leckerbissen daher/ bloße Ausgeburten überreizter Phantasie?
Bedürftig nach Zärtlichkeit/ und menschlicher Nähe/ ersehne ich die große Liebe./ Wird deine Freundschaft darum/ zum illusionären Selbstbetrug?
Lebensunersättlich/ strecke ich mich aus/ nach dem Unerschöpflichen./ Wenn es Gott nicht gibt,/ warum fehlt er mir dann so?

Zur Freiheit befreit (Gal 5,1)

Wenn sich ein Torwart beim Elfmeter hin- und herwiegt, wenn ein Tanzpaar auf einladende Gesten achtet, dann ist dies strukturell gesehen genau das, was Ig-

natius als »Indifferenz« im Exerzitienbuch bezeichnet: jene »Freiheit des Geistes«, die man sich nie nehmen lassen solle, die »Freiheit zum Gegenteil«, wenn sich dies als das Bessere zeigen sollte.
Es muss auch klar sein, dass diese »Indifferenz« keine schlechte Gleichgültigkeit bedeutet. Sie ist die Vorbereitung zur »engagierten Gelassenheit« (Teilhard de Chardin SJ) bzw. zum »gelassenen Engagement«.
Wer verspürt nicht auf vielfache Weise in seinem Leben Verkrampftheiten, ungute Abhängigkeiten, Süchte, Zwanghaftigkeiten, verbissenes Verfolgen von Zielen »auf Teufel komm raus«, Ängste vor ..., alte und inzwischen schädliche Verhaltensmuster? – Wie sehr können Christenmenschen sagen, was Paulus schrieb: »Wir sind zur Freiheit berufen« (Gal 5,13)?

Einübung in Richtung Befreiung

Frei zu werden kann so schmerzhaft sein wie Entwöhnungsprozesse von süchtigen Abhängigkeiten. Aber der Weg lohnt sich!

- Wahrheit macht frei! Was sind unangenehme oder wunderbare Wahrheiten meines Lebens?
- Sich anzuvertrauen nimmt Angst und macht dadurch frei: Riskiere mehr Vertrauen in Menschen! Höre immer wieder auf Einladungen des Evangeliums, dich Gott anzuvertrauen.
- Fördere die Fähigkeit zum Verzichten. Dies macht frei. Was sind höhere Güter, die mich motivieren, Verzicht zu leisten?

Ignatius schreibt ausdrücklich, ohne Befreiung vom zwanghaften Tanz um das eigene Egoismus-Ich gebe es keinen Fortschritt (EB 189).
Was das Wachsen in der Freiheit schenkt? Freiheit!
Eine meiner nachdrücklichsten Erinnerungen an die

»Freiheit zum Lieben« bleibt für mich die Entscheidung meines Vaters, mit über 90 Jahren aus dem eigenen, geliebten Haus in das Pflegeheim umzuziehen: »Kannst du? Willst du?« – Nach einer langen Pause mit angebrochener Stimme: »Der Mama zuliebe!« – Freiheit zum Lieben.

3. Das Ja zur versöhnenden und neu-schaffenden Liebe

In Goethes »Faust« kennzeichnet sich der teuflische Geist selber als denjenigen, der »stets verneint« und zerstören will, was ist und was werden möchte. Es geht ein Riss durch die Schöpfung. Beziehungen zerbrechen. Zerstörerisches Nein und schöpferisches Ja liegen im Kampf miteinander.
Dieses Geschehen wird überwölbt vom biblischen Regenbogen der Versöhnung von Himmel und Erde. Und was wollte Jesus mehr bringen als Versöhnung? Er ist das Ja Gottes zu seiner verlorenen Welt. Dieser »lässt seine Sonne aufgehen über Bösen und Guten, und er lässt regnen über Gerechte und Ungerechte« (Mt 5,45). Und er lädt ein, dass wir in dieser Weise einander begegnen und das Ja der Versöhnung uns schenken lassen bzw. es weitergeben. Darin liegt die Vollkommenheit Gottes und der Menschen, so steht es geschrieben (vgl. Mt 5, 48). Um dieses neu-schöpferische Ja der Versöhnung geht es im Gebetsgeschehen der ersten Exerzitienwoche.

Zwischen Verharmlosung und Verzweiflung

»Das Leben ist eine Herrlichkeit« – aber es ist auch oft genug »kein Leben mehr« und manchmal geradezu eine Hölle: Kindesmissbrauch, Hass, weltweiter Terror, Beziehungselend, Tausende von Menschen, die täglich verhungern. Und dies ist nicht alles einfach naturgegeben, sondern oft genug von Menschen bewusst oder unbewusst verursacht. Ignatius weiß um diese Welt

und seine eigenen Finsternisse. Er selber stand vor dem Selbstmord; in solch eine seelisch-spirituelle Sackgasse war er geraten. In der sog. ersten Exerzitienwoche bietet er verschiedene Ansätze an, sich diesem dunklen Geheimnis des Lebens anzunähern:
Er führt in die *Gewissenserforschung* ein, d.h. er möchte den Menschen sensibilisieren für den Kampf von lebensfeindlichen und lebensfreundlichen Tendenzen in sich.
In den *Sündenbetrachtungen*, in der Engelssünde, der Sünde von Adam und Eva und der ganzen Menschheit lässt er einen Blick in den Abgrund des »Geheimnisses der Bosheit« tun. Dies geschieht mit dem einen Ziel, in ein absolutes Staunen darüber zu geraten, mit welcher Liebe und Barmherzigkeit das eigene Leben umhüllt und getragen ist. Im *Gespräch mit Christus*, der »gekreuzigten Barmherzigkeit Gottes«, fragt dieses Staunen: Wie bist du als Schöpfer dazu gekommen, bis ins qualvolle Sterben hinein teilzuhaben an der von Sünde geprägten Welt?! (vgl. EB 53)
Die sog. *Höllenbetrachtungen* der ersten Exerzitienwoche sind nicht dazu da, bloß Angst einzujagen und »die Hölle heiß zu machen«, vielmehr sollen sie Ekel vor Sünde und die Schrecklichkeit von Lieblosigkeit und Gottferne bewusst werden lassen. Dies ist eine Einweisung in die Wahrheit, die befreit, und Hinführung zur Liebe, die erlöst. Die Betrachtungen geschehen auf dem schmalen Grad zwischen Verharmlosung und Verzweiflung. Es bedarf dabei der guten Unterscheidung. Diese soll vorbereiten auf die sog. *Generalbeichte.* Sie ist eine Beichte im Blick auf die ganze Lebensgeschichte hin – Ignatius hat seine eigene drei Tage lang vorbereitet. Sicher, ein manchmal schwieriger Weg, der aber oft eine erlösende Befreiung von Schuld, von falschen Schuldgefühlen und inneren Frieden bringen kann. Er

bedeutet, die Versuche von Selbsterlösung – endlich – zu lassen und sich ganz Gottes gerechter und erbarmender Liebe anzuvertrauen.

Das Gebet der liebenden Aufmerksamkeit

Wieviel Lebensqualität geht verloren durch Unachtsamkeit: traurige Augen, die wir nicht wahrnehmen; das Glitzern der Sonne in einer Straßenpfütze; die unausgesprochene Bitte eines Menschen; Fähigkeiten von uns, die wir nicht wahrhaben möchten?! Und gar nicht gesprochen von den großen Blindheiten, von denen Jesus eine mit dem Bildwort deutlich macht: »Den Splitter im Auge des Bruders siehst du, aber nicht den Balken im eigenen« (vgl. Mt 7,1–5).
Ignatius weiß aus eigener Erfahrung um unsere spirituellen Sehschwächen. Darum ist ihm wohl die Gewissenserforschung, die er zu Beginn der ersten Woche vorstellt, zu einer der wichtigsten geistlichen Übungen geworden. Der Sinn dieser Übung wird durch die Formulierung »Gebet der Achtsamkeit« oder »Gebet der liebenden Aufmerksamkeit« gut getroffen. Worum geht es?
Am einfachsten sei es in einer kleinen Gebetsform ausgedrückt:
Herr, Gott, Heiliger Geist...:
Ich möchte da sein mit meinem Leben vor dir ...
Ich möchte wach sein für die Wirklichkeit ...
Ich möchte sehen, was dankenswert ist ....
Ich möchte sehen, wo ich der Umkehr und Versöhnung und Befreiung bedarf ....
Ich möchte sehen, worauf ich mich vertrauensvoll und liebevoll einlassen soll und möchte ...
Danke – Amen!

Die Pünktchen hinter den einzelnen Bitten bedeuten die Einladung, sich jeweils ein wenig Zeit zu lassen und auf den Tag zu schauen.

Was hilft für die Einübung in diese Übung?

- Es hilft die Regelmäßigkeit der Übung und die Frage: Wann und wo ist die beste Zeit dafür? Daheim? In der Straßenbahn?
- Es hilft die Einsicht, dass es sich eigentlich um einen ganz normalen »Auswertungsvorgang« handelt.
- Es hilft die Einsicht, dass diese Weise der Aufmerksamkeit auch zwischendurch im Alltag immer gepflegt werden kann.
- Es hilft die Einsicht, dass es schön ist, zu einem immer wacheren, präsenteren, sensibleren, wahrhaftigeren, versöhnlicheren, menschenfreundlicheren, zukunftsoffeneren, gottverbundeneren Menschen zu werden.

Verweigerung der Liebesmöglichkeit – die Sünde

Es mag viele Umschreibungen von »Sünde« geben. Vielleicht lautet die einfachste: Sünde ist die Weigerung zu lieben. Sünde heißt, Leben, Beziehung zu gefährden, zu verweigern, zu zerstören. Am anschaulichsten wird dies in einem Wort Jahwes im Alten Testament: »Warum kehrt ihr mir den Rücken zu und nicht das Angesicht?« (vgl. Jer 2,27). Wenn »Sünde« von »sondern/absondern/trennen« kommt, dann hieße dies: Verbundenheit in Liebe zu zertrennen, zu zerstören.

Im Kern der Sünde liegt die Angst um uns selbst, die Angst, niemand zu sein, die Angst, in der eigenen Existenz bedroht zu sein. In diesem Sinne ist Sünde der Versuch einer unangemessenen Existenzsicherung des Menschen: Wenn ich – gleich, was es kostet – der Mächtigste bin, der Reichste, der Anerkannteste, der Beste, der Schönste, der sexuell Attraktivste, der Gesündeste, der Perfekte, der religiös Vollkommene, der Gerechte – dann, »liebe Seele, kannst du ruhig sein«. – »Du Narr«, sagt Jesus im Blick auf solche und ähnliche Versuche von Existenzsicherung (vgl. Lk 12,20). Sören Kierkegaard formuliert dies einmal so: »Sünde ist: vor Gott verzweifelt man selbst sein wollen oder vor Gott verzweifelt nicht man selbst sein wollen.« Damit wird nicht nur die Sünde beschrieben, sondern die Richtung der Erlösung und Heilung. Was Jesus den Menschen bringen will, ist zuerst und zuletzt das Bewusstsein: Du bist »jemand«! Du brauchst nicht verzweifelt versuchen, jemand zu werden oder resignativ-selbstmörderisch dem »bisschen«, das du bist, selber das Ende zu bereiten.

Die Botschaft Jesu für christliches Selbstbewusstsein lautet: Du bist aus Gott und in Gott, bist Sohn, Tochter, Freie, Erbe und als geliebter Mensch fähig, wiederzulieben.

Zum Einüben

- Sie können überprüfen und schauen, wie im Leben anderer, in der Weltgeschichte, in Ihrem eigenen Leben Böses, Sünde geschieht aus der Angst, nicht geliebt zu sein und verzweifelt jemand sein zu wollen.
- Es könnte eine eigene Meditation sein, den Dialog zu betrachten zwischen Jesus und Petrus. Jesus erinnert durch die dreimalige Frage an Petrus nach seiner Liebe an dessen dreimaligen Verrat und traut ihm zugleich neue Liebesmöglichkeit zu. Petrus bekennt

sich bescheiden und mutig zu seiner Liebe: »Herr, du weißt alles, du weißt auch, dass ich dich liebe« (Joh 21,15–23). – Man könnte sich selber fragen: Was weiß *er* alles von mir? Was habe ich erkennbar gemacht? Und was traut *er* mir trotzdem zu?

Erbsünde: Dem Netz des Jägers entronnen (Ps 124,7)

Vernetzung ist heute normalerweise ein positiv besetzter Begriff. Wer als Fisch im Netz zappelt, hält nicht so viel von Vernetzung. Und wenn wir die schrecklichen Vernetzungen von Sünde, von Grausamkeit, von Bösem, von Leid sehen, mag es uns schwarz werden vor Augen: Wir gehören zu einem Wirtschaftssystem, das zu einem beträchtlichen Teil aus der Not anderer Eigennutzen zieht bzw. sie mit verursacht. In was für Netzen zappeln fast hilflos Menschen in einer faschistischen Gesellschaft, unter einer brutalen Diktatur, in einer rassistischen Atmosphäre, in einer Alkoholikerfamilie, in einer selbstzufriedenen Bürgergesellschaft, unter einer ideologisch verhetzten Parteienherrschaft, in engstirnigen Religionsgemeinschaften?! – Entscheidendes dieser Erfahrungen ist in dem traditionellen Wort von der »Erbsünde« festgehalten. Es gibt nicht nur »Erb-Gut«, das uns gegeben, vorgegeben, übergeben ist, sondern auch »Erb-Übel«, »Erbkrankheit«.

Es ist bedeutsam, dass Ignatius in den Exerzitien nicht zuerst über die persönliche Schuld nachdenken lässt, sondern über die »Sünde Adams«, die »Sünde der Engel«. Dies bedeutet wohl: Unsere persönliche Schuld, unsere »Ausrutscher« und »Durchbrüche« geschehen auf dem Glatteis der Weltgeschichte. Wir leben auf abschüssigem Gelände. Wir geben, ohne es zu wollen, Stöße weiter und reißen im Absturz andere mit. Wir schaffen nicht selten Gesetze und Strukturen, die Ungerechtigkeit zementieren und die man als »strukturelle Sünde« bezeichnen kann.

Die Botschaft des Evangeliums sagt: Diese Erbschuld ist getilgt. Wir leiden noch darunter, leben aber nicht rettungslos unter diesem Diktat. Es ist vergleichsweise wie bei einer lebensgefährlichen Erkrankung, wenn der Arzt den Angehörigen sagt: »Die Krise ist überstanden. Der Kranke wird durchkommen.« Sicher kann er noch Wochen und Monate leiden. Vielleicht schmerzen bei Wetterwechsel die Narben und er muss auf manches sehr achten, aber der Durchbruch zum Leben ist geschehen.

Versöhnung – Worüber Gott sich freut

Viel erzählte Jesus nicht über seinen und unseren Gott. Eines ganz sicher: worüber der Himmel, worüber Gott sich freut: über einen Sünder, der umkehrt, mehr als über 99 Gerechte (vgl. Lk 15,7). Als der Sohn, der das ganze Vermögen verschleudert hatte, mit seinem früh kaputten Leben zurückkommt, schließt ihn der Vater in die Arme, lässt ein Festmahl richten und sagt zu dem älteren Bruder, der das nicht fassen kann: »Dein Bruder war tot und lebt wieder. Da muss man sich doch freuen« (Lk 15, 32). Und für ihn ist völlig unfassbar, dass der ältere Sohn ihm vorwirft, er habe immer nur treu gearbeitet und nicht einmal ein Zicklein zu einem Festessen mit seinen Freunden bekommen. Der Vater fällt aus allen Wolken: »Aber Kind, du bist doch allezeit bei mir, und alles, was mein ist, ist dein« (Lk 15,31). Nicht wenige erkennen in Exerzitien viel von diesem älteren Sohn in sich, der in der Haltung des »Ewig-zu-kurz-gekommen-Seins« lebt und in einem großen Misstrauen dem Vater gegenüber.

Anders die Glaubenserfahrung von Paulus im Blick auf Jesus, in dem Gott dem Menschen nachgeht bis in Kreuz und Tod hinein: »Wie sollte er uns mit ihm nicht alles geben« (Röm 8,32). Die Vergebung, die Jesus verkündet hat, haben viele erfahren können, indem sie erkannten, wie weit Gott in seiner Menschenliebe ging: bis in den untersten Abgrund hinein.

Ignatius lädt in einer der ansprechendsten Stellen der Exerzitien ein, mit Jesus als der »gekreuzigten Liebe« in ein inneres Gespräch zu kommen: »Wie bist du, Gott, in deiner Liebe so weit gegangen – was kann meine Antwort sein?« (vgl. EB 53). Franz von Sales prägte einmal das Wort von Jesus als der »gekreuzigten Sonne«. Vor dieser gekreuzigten Sonne kann ich sein mit all meinen Verwundungen, meinen Verzweiflungen, meiner vermeintlichen und wirklichen und meiner bewussten und verdrängten Schuld. Was bringt uns Heilung, wenn nicht das Geschenk der Versöhnung?

Sich für Versöhnung und Heilung bereiten

Nichts ist so deutlich im Evangelium Jesu, als dass Vergebung und Versöhnung Gottes Geschenk und Gnade ist: Verzeihung kann man nicht einfordern, sondern nur erbitten. Ebenso deutlich ist aber auch, dass Verzeihung nur ankommt bei mir, wenn ich bereit bin, sie weiterzugeben (vgl. Mt 18,23–35). Dies zu können ist nochmals Geschenk – für das man sich aber auch bereiten kann. Eine Möglichkeit ist, ein inneres Gespräch zu führen mit einem Menschen, zu dem hin eine Beziehung gestört oder zerstört ist. Schritte und Spielregeln dafür sind:

- Nimm dir eine Stunde lang eine Zeit der Stille, zu Hause oder auf einem stillen Spaziergang.
- Lass dir dein Gegenüber in der Phantasie gegenwärtig werden.
- Bitte, dass die versöhnende Liebe des Gottes-Geistes dich und dein Gegenüber innerlich durchdringt.
- Zeige dem andern dein Empfinden, deinen Zorn, deine Ohmacht, deine Bitterkeit, deine Wut, deine abgründige Traurigkeit, Schmerz, Schuldgefühle, die in der Beziehung ausgelöst wurden.
- Lass Pausen dazwischen sein, bis »alles« gesagt und gefragt ist.
- Dann lausche hin, was dir von der andern Seite vielleicht entgegenkommt.
- Schließe mit der Bitte, dass Friede, Versöhnung, Wahrheit und Freiheit in die Beziehung einkehren möge.

Wenn es nötig ist, kann dieses Gespräch wiederholt werden. Es kann auch mit schon verstorbenen Personen geführt werden. Es kann ein Gespräch sein, bei dem es um wirkliche Schuld geht oder auch um Verletzungen, die weh tun, aber nicht aus Schuld im eigentlichen Sinn herrühren.

Wenn das Gegenüber bereit ist, dann kann so ein Gespräch auch von Angesicht zu Angesicht geführt werden; auf zwei Zeiten verteilt. Bei der einen hört der eine nur zu und in der zweiten der andere! Dies muss die strikte Regel sein. Es lohnt, sich am Ende gegenseitig mitzuteilen, wie der andere einem helfen könnte und wie verhindert werden kann, dass die Beziehungsinitiative nicht versandet. – Diese Methode führt nicht immer zu einer Lösung, aber nicht selten doch wichtige Schritte weiter.

Angst – Tod – Hölle – Liebe

»Zum Teufel mit der Hölle!« – so kann durchaus eine theologische Devise lauten im Blick auf manche »Höllenpredigten«. Kann es überhaupt ein Evangelium von der Hölle, eine frohe Botschaft von der Hölle geben? Und wie von Hölle reden, dass nicht der Eindruck entsteht, die Hölle retten zu wollen?

Als erstes: Die Rede von der Hölle ist zunächst, ein wenig philosophisch ausgedrückt, eine religiöse Ausdrucksform für das »Schlimmstmögliche, über das hinaus nichts Schlimmeres gedacht werden kann«. Sich darüber zu äußern ist die Erlaubnis, die je verschiedenen Ur-Ängste auszusprechen. Es gibt kein Tabu des »Allerschlimmsten«! Ob dies jemand als absolute Sinnlosigkeit, als Absurdität, als ewige Verdammung, als Gottferne bezeichnet, ist zweitrangig. Ob die anderen »die Hölle sind« (J.P. Sartre) oder der Gedanke, dass letztlich alles im Nichts endet oder in einem ewigen Feuer oder in einem gefrorenen Herzen oder dass der Tod das letzte Wort über das Leben ist – das sind verschiedene Ausdrucksformen von Urängsten.

Der erste Schritt zu Erlösung besteht darin, sich mit diesen Urängsten vertrauensvoll öffnen zu dürfen – im Angesicht Gottes, in letzter Wahrhaftigkeit. Dies ist schon fast alles. Fast alles aber nur dann, wenn die Offenheit nicht nur Ergebnis einer Wahrheitswütigkeit ist, sondern wenn die Hoffnung mitschwingt, dass selbst der dunkelste Abgrund aller Finsternis und Schrecklichkeit unendlich viel tiefer umfasst ist von der göttlichen Liebe. Diese schenkt die Wohltat der Gerechtigkeit und der Barmherzigkeit. Ist dies nicht Evangelium, frohe Botschaft der Befreiung von Angst,

Hölle und Tod? Und könnte man vielleicht theologisch zutreffend formulieren: »Wir dürfen glauben und hoffen: die Hölle ist wirklich möglich wegen der menschlichen Freiheit, und sie ist unmöglich wirklich wegen der göttlichen Liebe«?

Du selbst bist dieser Mensch! – Persönliche Schuld

David, mächtiger König, Gründer eines israelischen Großreiches, ist maßlos empört, als er vom Propheten Nathan hört, dass ein Reicher einem Armen dessen einzigen und liebsten Besitz, ein Schäfchen, weggenommen hat. Da will er Gerechtigkeit schaffen mit aller gebotenen Härte. – Mit dem Wort: »Du selbst bist dieser Mann!« (2 Sam 12,7) lässt ihn Nathan eine brutale spirituelle Bauchlandung machen: Du hast die Frau deines Offiziers verführt, und du hast ihn absichtlich an eine gefährliche Stelle im Kampf stellen lassen, damit er getötet werde!

Du selbst bist dieser Mensch! Diese Aussage mag zunächst vernichtend sein: Du tust, was dir an anderen missfällt. Du projizierst deinen Schatten, deine Schuld auf andere! Du bist nicht so, wie du zu sein scheinst und wie du sein möchtest. Und doch kann diese Entlarvung einer Selbsttäuschung ein Anfang zu jener Wahrheitsfindung sein, von der es heißt: »Die Wahrheit wird euch frei machen« (Joh 8,32). Der Verlust der Maske kann der Beginn wahrer Selbstfindung und Menschwerdung sein.

Sicher gibt es unechte, selbst-zerstörerische Schuldgefühle. Sicher ist die eigene Schuld eingebettet in das große »Netz« von Herkunft, Milieu, Erziehung, Reaktion auf Traumatisierung usw. Aber es hieße, den

Menschen in seiner Verantwortlichkeit, in seiner Freiheitlichkeit abzuschaffen, wenn man ihm jede Schuldfähigkeit absprechen würde und immer nur »die anderen« schuldig sein ließe.
Der Ruf Jesu zu Beginn des Evangeliums: »Denkt um«, kehrt um (vgl. Mk 1,15) will den Menschen nicht klein machen, sondern zu neuem Denken, Fühlen und Leben befähigen.

Zur Einübung: Die Beichte
Es geht hier nicht um einen Traktat zur Beichte, sondern um die Erinnerung, dass wir aus Erbarmen leben und dass das »Sakrament der Versöhnung« wesentlich zu tun hat mit Selbstwerdung, Selbsterkenntnis, Leben aus Erbarmen. Der »Beichtspiegel« im »Gotteslob«, dem Lieder- und Gebetbuch der deutschsprachigen katholischen Kirche, ist eine gute Hilfe für eine Gewissenserforschung aus dem Geist der Liebe und nicht aus spiritueller Kleinkrämerei. Es könnte sich lohnen, zur spirituellen Schönheitspflege einmal in diesen Spiegel zu schauen. Dabei ist es gut, verschiedene Ebenen zu beachten: Was ist die Sünde gegen den »letzten Halt«? Was sind lebensfeindliche Haltungen und Lebenslügen? Was ist negatives Verhalten? Und wo schaffen wir menschenfeindliche Verhältnisse?
Es muss nicht so sein, wie mir eine Frau einmal etwas verschämt sagte: »Ich beichte so wahnsinnig gerne.« Aber als ein Zeugnis dafür, dass das Sakrament der Versöhnung mit dem Weg zur vollkommenen Freude und zur Fülle des Lebens zu tun hat, darf das Wort gerne gelten.

Ich möchte, dass du entsetzt bist!

Dies waren die Worte einer jungen Frau, die jahrelang in der Drogenszene gelebt und Schrecklichstes gemacht und mitgemacht hatte. Sie wollte sicher nicht, dass ich diese Entwürdigung fortsetzte und sie als »unmöglichen Menschen« betrachtete. Aber sie spürte zutiefst, dass ihr nicht geholfen wäre mit irgend einem billigen Trost der Art, »das sei nicht so schlimm«. Darum lässt Ignatius in der ersten Exerzitienwoche um Tränen, Schmerz, Irritation über sich selber und Scham und Reue bitten. Ohne Reue und die Bitte um Versöhnung ist Zukunft nicht möglich. Und »richtige« Schamhaftigkeit ist das Gespür für Verletzung der Würde des Menschen.

Ignatius hat auf dem Montserrat drei volle Tage lang auf all die Sünden, Ungereimtheiten, Unmenschlichkeiten seines Lebens geschaut und sie gebeichtet. Dies empfiehlt er auch in den 30-tägigen Exerzitien. Er lässt alle Orte des Lebens durchgehen, an die verschiedenen Menschen denken und darum bitten, dass man bereit ist, die dunklen Wirklichkeiten des Lebens zu sehen und sie Gott anzuvertrauen. Dies ist manchmal ein ungeheuer schwerer Wegabschnitt. So viel verständliche Scham, Angst vor Gesichtsverlust, falsche Schuldgefühle und Unfähigkeit, sich anzuvertrauen, können Hindernisse sein. Aber oft genug ist es wie bei einer Geburt: Auf die Angst und den Schmerz folgt eine ungeheure Befreiung und die Erfahrung: Ich bin angenommen, bejaht, geschätzt in und trotz meiner Sünde. Ich bin wie auferstanden zu neuem Leben.

Zur Einübung
Neben einer »großen Lebensbeichte« gibt es die Einübung in das alltägliche Beichten: zugeben können, dass man geirrt hat; dass man jemanden verletzt hat; kleine Zeichen der Versöhnung setzen oder auch einfach »Entschuldigung« sagen. »Reue ist eine schöpferische Tugend«, sagt Max Scheler einmal. Auf diese Weise entsteht eine Atmosphäre der Menschenfreundlichkeit und ein Klimawechsel im Sinne des Evangeliums Jesu.
Vielleicht ist *der beste Gewissensspiegel*, dass man auf die sog. goldene Regel des Evangeliums achtet: »Bin ich so zu den anderen, wie ich möchte, dass sie zu mir sind?« (vgl. Mt 7,12) – Wie möchte ich, dass sie zu mir sind? Wie bin ich zu ihnen? Jesus sagt, dass darin »das ganze Gesetz und die Propheten« liegen.

Frei zu leben: Die zehn Wegweisungen

Vielleicht sollten die *Zehn Gebote* besser die *Zehn Botschaften* heißen. Die Zehn Botschaften von den Grundlagen des Lebens. Vielleicht würden sie ihren Sinn deutlicher erschließen, wenn man die Gegenprobe machte: »Selbstvergötzung, Lügen, Töten usw. bringen Lebensglück ...« Das kann es wohl nicht sein! Die Zehn Gebote sind Wegweisungen zum Leben. Von nicht wenigen werden sie mit dem Geschmack von Sollen, Müssen und Einengung verbunden, aber sie verdanken ihr Entstehen und ihre Formulierung genau dem Gegenteil: einer Freiheitserfahrung! Damit beginnt auch der entsprechende Text (vgl. Exodus 20,1ff.):
»*Ich bin Jahwe, dein Gott, der dich aus Ägypten geführt hat: Aus dem Sklavenhaus!*« Er ist also ein Gott, der es gut meint mit seinem Volk und ihm den Weg in Frei-

heit und neues Leben wies und ermöglichte. Daher könnte man den Dekalog auch als zehn Wegweisungen zur gelebten Freiheit, zur Liebe, zu erfülltem Leben verstehen. In diesem Sinne könnte man formulieren:

1. *Ich bin der Herr, dein Gott; du sollst keine anderen Götter neben mir haben!* – bedeutet: Du bist frei, wenn du Gott Gott sein lässt und den Menschen Mensch und ihm nicht einen Gotteskomplex (E.Richter) auflastest oder ihn zum Götzen und seine Gedanken zu Ideologien machst.

2. *Du sollst den Namen Gottes nicht verunehren!* – bedeutet: Du bist frei, wenn du auf den Gottesnamen »Ich-bin-wo-Du-bist« (M. Buber) vertraust. Deine Freiheit ist nicht das Produkt von Isolation, sondern die Frucht des Vertrauens auf das unendliche Geheimnis Gottes und der Achtung vor dem Menschengeheimnis.

3. *Gedenke, dass du den Sabbat heiligst!* – Du bist frei, wenn du nicht die Leistung und die Arbeit zum Gott deines Lebens machst. Du wirst frei, wenn du aus Ruhe lebst, den Menschen Freiräume lässt, sie nicht schindest um der bloßen Profitmaximierung willen.

4. *Du sollst Vater und Mutter ehren!* – Erweitert um die Ehrfurcht vor den Kindern bedeutet dies: Du lebst liebevoll, wenn du Ehrfurcht und Respekt vor Menschen zeigst; wenn du die Beziehungen, die am Anfang des Lebens stehen, besonders achtest und pflegst und heilen lässt; wenn du solidarisch lebst und der »Generationenvertrag« nicht bloßes politisches Geschwätz für dich ist.

5. *Du sollst nicht töten/morden!* – Du wirst menschenfreundlich sein, wenn du das Leben anderer als Geschenk annimmst. Sieh in den andern nicht bloß Ri-

valen, Konkurrenten, die besiegt werden müssen. Lerne das Anderssein anderer als Geschenk und Bereicherung zu erfahren.

6. Du sollst nicht ehebrechen! – Du wirst frei sein, wenn du Menschen um ihrer selbst willen lieben kannst und dich mit der Kraft deiner Lebensmöglichkeit um die schwierige »Kunst des Liebens« mühst. Achte das Beziehungsnetz anderer: Der Kern der Liebe ist die Ehrfurcht (C.G. Jung).

7. Du sollst nicht stehlen! – Du wirst frei sein, wenn du die Rechte der anderen achtest; wenn du anderen Lebensraum und Lebensgüter und Privatheit lassen kannst.

8. Du sollst kein falsches Zeugnis geben wider deinen Nächsten! – Du wirst frei sein, wenn du wahrhaftig bist: »Die Wahrheit wird euch frei machen!« Lüge zerstört Vertrauen. Und Lebenslügen verhindern das eigene Glück. Durch Unwahrheiten verstrickst du dich in ein Netz von Lügen, deren Vertuschung Lebensenergie kostet.

9. Du sollst nicht begehren deines Nächsten Frau! – Du wirst frei sein, wenn du nicht »Sklave deiner Begierden bist«. Du wirst frei sein, wenn du Krisen nicht gleich als Ende einer Beziehung deutest, sondern zunächst als Herausforderung zu Wachstum.

10. Du sollst nicht begehren deines Nächsten Hab und Gut! – Du wirst frei sein, wenn du dich nicht von deinem Besitz besessen sein lässt. Wenn du aus Dankbarkeit lebst und so der Habgier den Stachel ziehst.

Zur Einübung

Ignatius lässt die Gebote betrachten; Martin Luther hat eine einfalls- und hilfreiche Weise gefunden, die heute noch anregend sein kann. Er nennt sie »das vier-

fach gedrehte Kränzlein von Lehre, Danksagung, Beichte und Bitte«. Dies heißt:
Er versucht den Sinn des Gebotes zu verstehen.
Er lässt den Dank für die Wirkungen zu.
Er fragt nach seinen Verstößen gegen die Gebote.
Er bittet schließlich um Kraft, im Sinn des Gebotes in seinem konkreten Alltag leben zu können.

4. Das Ja zur Lebensgemeinschaft im Lieben

Die ignatianischste Exerzitienwoche

Sich das Jawort geben ist eine Formulierung, die gebraucht wird, wenn Menschen die Lebensbeziehung einer Ehe eingehen. In der sog. zweiten Woche der Exerzitien geht es um das Ja zu einer spirituellen Lebens-Gemeinschaft mit Christus, mit dem »die Güte und Menschenliebe Gottes« (Tit 3,4) sich den Menschen geschenkt und gezeigt hat. Dieser Wegabschnitt mit seinen Schritten ist in gewissem Sinne der ignatianischste, weil auf diesem Wegstück am meisten Bilder aus der ritterlichen Lebenswelt von Ignatius zur Sprache kommen: der Blick auf den bittenden und einladenden König Christus und der Kampf unter dem Banner Satans bzw. Jesu Christi. Hier wird signalisiert, dass das Leben nicht nur ein Spiel ist, sondern auch ein Kampf, ein Mühen, ein Bestehen von Gefahren. Es geht weder um eine bloße »Wellness-Spiritualität« noch um ein verkrampftes spirituelles Fitness-Programm, sondern um ein Leben aus wachsender Beziehung. Vor allem die Betrachtungen und Meditationen aus der Heiligen Schrift sollen das Herzens- und Lebensgeheimnis Jesu verstehen helfen, dadurch zur inneren Beziehung mit Jesus Christus führen, der »im Geist« gegenwärtig ist, und so auf den Weg des Evangeliums einladen. Die Frage ist: Welche Beziehung prägt mein Leben grundlegend? Man könnte auch formulieren: »Sage mir, mit wem du umgehst, mit wem du lebst, und ich sage dir, wer du bist.«

Beziehung verlangt Entscheidung, verlangt Ja oder Nein zu einer Person. Darum spielen in dieser Woche auch Betrachtungen »zur Wahl«, die »Unterscheidung der Geister« und Entscheidungen für Lebensstand und Lebensgestaltung eine fundamentale Rolle. Möchte ich mein Leben mit *ihm* teilen? Möchte ich mich ihm »anbieten«, ihm »Angebote« machen, wie Ignatius sich ausdrückt? Er erläutert dies einmal mittels einer Erfahrung aus seiner Zeit als Page bei Hof. Der Page hatte darauf zu achten, welche Speisen dem Fürsten am besten schmeckten, und ihm diese entsprechend anzubieten. »Was passt zu Christus? Was ist nach seinem Geschmack? Was sind seine Werte?« Dies sind die Fragen, die den Exerzitanten bewegen sollen. Er soll Christus auf den Geschmack kommen, könnte man sagen; also dem, der selbst sagt, dass er sich als »Brot für das Leben der Welt« gibt. Wie schmeckt mir die Christus-Speise? Und: Möchte ich Brot sein? Mich hingeben? Möchte ich sein »Kompagnon«, d.h. wörtlich sein »Brot-Genosse« sein, der das Brot und das Leben mit ihm teilt?

Ignatius hat diese Hingabe, die für ihn der tiefste Grundvollzug des Lebens ist, in Gebetsform ausgedrückt:

»Nimm hin, Herr, und empfange meine ganze Freiheit, mein Gedächtnis, meinen Verstand und meinen ganzen Willen, meine ganze Habe und meinen Besitz; Du hast es mir gegeben, dir, Herr, gebe ich es zurück; alles ist dein, verfüge nach deinem ganzen Willen; gib mir deine Liebe und Gnade, das ist mir genug« (EB 234).

Man kann dieses Anerbieten nur verstehen, wenn deutlich ist, dass es »nur« eine Antwort ist auf die Erkenntnis: Gott selber hat sich in der Menschwerdung

Christi dem Menschen gegeben, »soweit er es nur vermag« (EB 234).

Nicht mehr Knechte: Freunde und Gesandte!

»Wie der Retter zum Freund wird« – so könnte man diesen Gedanken ausdrücken: Der Feuerwehrmann, der einen gerettet hat, die Ärztin, die jemanden geheilt hat, bietet einem eine Lebens- und Liebesbeziehung an. Jesus wird von Menschen als Retter, Erlöser, Befreier erlebt – und er bietet ihnen Jüngerschaft, ja Freundschaft an (vgl. Mk 3,13–19; Joh 15,15). Im Sinne des Evangeliums, das die Mitte und den roten Faden der zweiten Exerzitienwoche bildet, lauten die entscheidenden Fragen und Einladungen:
Wer bin ich – für dich?
Wer bist du – für mich?
Willst du mit mir gehen?
Willst du dein Leben gestalten aus der Beziehung zu mir, meinen Zielen, meinen Werten?
Willst du dich von mir rufen und senden lassen und das Evangelium verstehen, leben und weitergeben?
Letztlich ist die Frage jene, die Jesus dreimal an Petrus stellt: »Liebst du mich?« (vgl. Joh 21,15–23). Der meditierend-betende Umgang mit den Evangeliumstexten im Exerzitienbuch soll hineinnehmen in jene Dynamik, die im Johannesevangelium genannt wird: »Ich nenne euch nicht mehr Knechte, sondern Freunde, weil ich euch alles geoffenbart habe, was ich vom Vater habe« (vgl. Joh 15,15).
Geistlicher Weg, Exerzitienweg, Nachfolge Jesu ist ein Weg der Befreundung: »Sprechen wie ein Freund zu einem anderen oder wie ein Diener zu seinem Herrn« (EB 54). In dieser Formulierung lässt Ignatius offen,

wie jemand sprechen möchte. Er darf es so tun, wie es der Beziehung wirklich entspricht.

Liebe und Glaube und Hoffnung

In Märchen hat man oft drei Wünsche frei. Was wären meine drei Wünsche? In seinem »Bericht des Pilgers« (Nr. 35) schreibt Ignatius, er habe auf seinem Weg nur den dreifach-einen Wunsch, »Liebe und Glaube und Hoffnung« – in der Tradition »die drei göttlichen Tugenden« genannt – lernen zu wollen. Ohne Vertrauen, ohne Glauben ist menschliches Leben nicht möglich. Nicht in der Politik, die mit »vertrauensbildenden Maßnahmen« arbeitet; nicht in der Wirtschaft: »Kredit« kommt von »credere«, d.h. glauben, einen Vertrauensvorschuss geben. Jede persönliche Beziehung lebt vom Vertrauen.

Glauben, Vertrauen sind lebensnotwendig. Und auch die Doppel-Frage: *Wem vertrauen und woran glauben wir?* Jede Weltanschauung, jeder Aberglaube, jede wahnhafte Überzeugung, jeder Führer- und Guru-Kult baut auf Glauben auf. Jede religiös motivierte Wahnsinnstat – »Sie werden euch töten und glauben, Gott einen Dienst zu tun« (vgl. Joh 16,2) – beruht auf Glauben. Für den christlichen Glauben gilt: »Glaubhaft ist nur Liebe« (Hans Urs von Balthasar). Und nicht »irgendeine Liebe«, sondern jene, wie sie im Evangelium Jesu Christi vor Augen gestellt wird; jene Liebe, von der gilt: Liebe Gott, dich selbst und den Nächsten.

Zum biblischen Dreiklang gehört neben dem Glauben und Lieben die Hoffnung. Sie ist in besonderer Weise auf die Zukunft ausgerichtet. Hoffnung haben heißt, Träume haben zu dürfen, Visionen, Utopien, Erwartungen. Und Hoffnung heißt, das Reich Gottes nicht herbeizuzwingen. Das Ziel ist im Weg schon da, aber auch noch entzogen. Der Weg braucht Geduld. Sie ist »der lange Atem der Leidenschaft« (E. Jüngel). Sie hält die Spannung aus, in der »Bis-Zeit« zu leben, wie es in der Eucharistie heißt: »Deinen Tod, o Herr, verkünden wir, und deine Auferstehung preisen wir, *bis* du kommst in Herrlichkeit.«

Zur Einübung

– Wie kommt Glauben, Hoffen, Lieben in meinem Leben konkret vor?
– Wenn ich die Heilige Schrift lese – was sagt sie mir zum Glauben, Hoffen, Lieben (vgl. bes. 1 Kor 13)?
– Wie kann ich im Alltag kleine Experimente des Glaubens, Hoffens, Liebens machen?

Über diesen »göttlichen Tugenden« steht die Verheißung: »Durch den Glauben wohne Christus in eurem Herzen. In der Liebe verwurzelt und auf sie gegründet, sollt ihr zusammen mit allen Heiligen dazu fähig sein, die Länge und Breite, die Höhe und Tiefe zu ermessen, die alle Erkenntnis übersteigt. So werdet ihr mehr und mehr von der ganzen Fülle Gottes erfüllt« (Eph 3,17–19).

Gott auf der Spur

Mit welchem Menschen eine Freundschaft oder Partnerschaft eingehen? Welche Schule besuchen? Welchen Beruf wählen? Welche Partei wählen? Wo Urlaub machen? Wieviel Geld wofür ausgeben? – Unser Leben besteht aus vielen Entscheidungen. Für die wenigsten von ihnen gibt es ein Handbuch, worin man nur nachschlagen müsste. Auch die Bibel sagt nicht, wen ich heiraten oder welchen Beruf ich ergreifen soll. Daher besteht das Leben zu einem großen Teil aus der »Kunst des Entscheidens«. Die Exerzitien sind dafür eine Hilfe. Vor allem unter der Überschrift der »Unterscheidung der Geister« wird dies behandelt: »Regeln, um auf irgendeine Weise die verschiedenen Bewegungen zu verspüren und zu erkennen, die in der Seele verursacht werden: die guten, um sie anzunehmen, und die bösen, um sie abzuweisen« (EB 313). Es geht also um die Kultivierung von drei Vorgängen:

- die Kultivierung der Sensibilisierung, d.h. der Wahrnehmungen von inneren Regungen und Motivationen;
- die Erkenntnis und das Verständnis, was sich in mir selber abspielt und wohin etwas läuft;
- die Förderung der Fähigkeit, sich zu entscheiden, ja oder nein sagen zu können.

Vielleicht kann dies durch ein einfaches Beispiel deutlich gemacht werden: Wenn jemand ein frei lebendes Tier beobachten möchte, dann sind drei Dinge wichtig:

- Zuerst muss er seine Wahrnehmungsfähigkeit schulen, damit er Spuren bemerkt.
- Dann muss er schauen, in welche Richtung die Spur führt.
- Und schließlich muss er sich entscheiden, ob er einer Spur nachgehen will oder lieber nicht.

Zur Einübung

Ignatius lässt in der »Gewissenserforschung«, dem Gebet der Achtsamkeit, jeden Tag darauf schauen, welche Spuren die Ereignisse des Tages in mir hinterlassen; und er lädt ein zu prüfen, ob sie in Richtung Glauben – Hoffen – Lieben oder in die Richtung von Misstrauen – Hoffnungslosigkeit – Egoismus führen. Und dann stellt er vor die Entscheidungsfrage: Welcher inneren Regung und Richtung möchtest du dich anvertrauen?

Entscheiden mit Hirn – Herz – Hand

Etwas boshaft heißt es, Intuition sei die Fähigkeit eines Menschen, sich im Bruchteil einer Sekunde falsch zu entscheiden. Intuition, innere Klarheit aus der Tiefe sind wichtig. Für gutes Entscheiden aber, so meint Ignatius, bedarf es dreier Ebenen: die gläubig-intuitive Herzmitte, das spürsame Abwägen innerer Bewegungen und die ruhige Überlegung der Vernunft.

Hilfsfragen auf der Ebene der Vernunft
– Habe ich nach zwei, drei Alternativen gesucht?
– Habe ich gründlich Sachinformationen eingeholt?
– Habe ich Gründe für und gegen die Alternativen gesammelt und gewichtet?
– Habe ich die wahrscheinlichen Folgen bedacht?
– Habe ich den Rat anderer miteinbezogen?
– Bin ich bereit, auf Dauer den Preis für die Entscheidung zu zahlen?
– Gibt es Chancen und Mittel und Menschen als Hilfe für die Durchführung?
– Hatte ich genügend Entscheidungszeit?

Hilfsfragen auf der Ebene des inneren Spürens
– Fühle ich mich innerlich frei, ruhig, hoffnungsvoll?
– Fühle ich mich eigentlich deutlich überfordert?
– Könnte meine Entscheidung Ausflucht vor ... sein?
– »Schmeckt« etwas nach den »Früchten des Geistes« oder mehr nach »Früchten des Ungeistes«?

Hilfsfragen auf der Ebene von Werten

- Passt die Entscheidung in meinen Wertekosmos?
- Wie schauen meine Motivationen aus?
- Werden dadurch andere Menschen benachteiligt?
- Setze ich die Gesundheit auf Dauer aufs Spiel?

Hilfsfragen vom Evangelium Jesu her

- Passt das Vorhaben zum Evangelium Jesu?
- Hat es Bedeutung für meine Gottes- und Christusbeziehung?
- Ist es Frucht von Glauben, Hoffen, Lieben?

Hilfsvorstellungen

- Würde ich dies meinem besten Freund raten?
- Könnte ich damit »ruhig sterben«?
- Wenn ich mich in der Phantasie eine gute Zeit in die eine *Handlungs-Alternative* hineinlebe und dann in eine andere oder auch eine dritte: Bei welcher habe ich auf die Dauer das bessere Gespür, den tieferen Frieden, die bleibende Stimmigkeit?

Sendung und Sinn

»Wer ein Warum zu leben hat, erträgt fast jedes Wie« (F. Nietzsche). Wer keine Aufgabe, keinen Auftrag, keinen Dienst hat, der spürt, wie sehr Sendung und Sinn zusammenhängen. Ein Mensch ist und wird er selber nur im Dasein mit anderen und für andere. Sicher gibt es Fehlformen: das sog. Helfersyndrom, eine Form von unfreier Selbst-losigkeit bzw. von Manipulation durch Dienen. – Jesus hat den wahren Dienst zum Grundgesetz des Evangeliums erklärt: »Ich bin mitten unter euch wie einer, der dient« (vgl. Joh 13, 1–20). Und er sagt einmal: »Meine Speise ist es, den Willen dessen zu tun, der mich gesandt hat« (Joh 4,34). Dies bedeutet: Das Hören und Tun des Liebeswillens Gottes ist die tägliche Speise, von der er lebt.

»Mission impossible« – Unmögliche Mission

Auf der Ebene der Diplomatie wie insgesamt im englischen Sprachbereich hat »mission« einen guten Klang. Für manche Fehlformen christlichen Missionierens hingegen hat Johannes Paul II. in seiner ersten Internet-Botschaft um Verzeihung gebeten. Seit dem II. Vatikanischen Konzil stellt sich immer neu die Frage: Warum Mission, Dienst, Sendung? Antworten könnten sein:

– Weil jeder Mensch, geschaffen durch Gottes Liebeswort, immer Botschaft ist bzw. sein soll.
– Weil menschliches Zusammenleben immer Kommunikation, Mitteilen, Dialog, Lernen und gegenseitiges Bereichern ist bzw. sein soll.
– Weil die menschlich-spirituelle Not anderer dazu einlädt, das »Brot des Wortes« zu reichen.
– Weil Menschen miteinander nach Wahrheit suchen.
– Weil Gabe immer auch Aufgabe ist.
– Weil eine Gemeinde ein »lebendiger Brief Christi« ist bzw. sein soll (2 Kor 3,3).
– Weil es im Menschen die mystische Sehnsucht nach universaler Einheit gibt; Mission, »damit Gott alles in allen ist« (1 Kor 15,28).
– Weil Jesus gesagt hat: Geht in alle Welt, verkündet das Evangelium, macht Kranke gesund und befreit Menschen von ihren Besessenheiten (vgl. Mk 16,15–18).

Maria und Paulus

Es ist gut, dass es in der Bibel Paulus und Maria gibt.

Paulus verkörpert den »missionarischen Typ«, der ständig unterwegs ist, predigt, plant, heilt, organisiert, aufbaut, Grenzen überschreitet usw. Wenn nur er das Modell wäre, müssten die meisten Christenmenschen sagen: »Mission – nichts für uns!«

Ist aber nicht auch Maria in ihrer Bodenständigkeit ein »missionarischer Typ«? Lebt sie nicht die Botschaft von Glauben und Hoffen und Lieben im normalen Alltag? Und spüren dies nicht die Menschen um sie herum? Und ist schließlich nicht ihre größte missionarische Tat, dass sie daran glaubt, dass die Liebe Gottes in ihr wächst und sie diese »auf die Welt bringt«?

Missionarisches Wirken hat sehr verschiedene Ebenen: Es kann die persönliche »Ausstrahlung« sein. Es können Grundhaltungen sein, wenn man etwa sagt: Von diesem Menschen ist immer so etwas Gütiges, Freies, Freundliches usw. ausgegangen?

»Er ging umher und tat Gutes«, heißt es von Jesus einmal; keine großen Worte, sondern tätiges Helfen.

Die politische Gemeinde, die Gesellschaft, Ehe, geistliche Gemeinschaften, Schule, kulturelle Szene, die Kirchengemeinde, Bürgerinitiativen – all dies können Räume sein, das Evangelium Jesu Christi weiterzugeben.

Zum Hinterfragen und Erspüren

- Wofür möchte ich leben?
- Wofür möchte ich sterben?
- Welche Talente, Charismen sind mir gegeben?
- Wozu bin ich in den Augen anderer begabt?
- Welche Nöte gehen mir besonders nahe?
- Wozu spüre ich eine Einladung, einen Ruf?
- Wie kann ich in meinem Tun das Evangelium leben?

Die Seligpreisungen: Mehr als glücklich

Ich habe zu meinem Freund gehalten und bin allein gestanden, und das war gut so. – Ich habe gespürt, dass ich meinem Gefühl trauen muss, sonst verrate ich mich selbst. – Ich bin komisch angeschaut worden, als ich bei einem Bildungskurs gefragt habe, ob man am Sonntag die Messe besuchen könne. – Ich fühle mich oft leer, aber andere danken mir für meine Briefe, die sie als Trost empfinden. – Es war schwer, bei der Wahrheit zu bleiben, aber ich habe mich dabei frei gefühlt. – Sicher könnten wir uns einen längeren und teureren Urlaub leisten, aber dann könnten wir kaum mehr Geld für die Misereor-Aktion und manche sozialen Dienste abzweigen.
Solchen Aussagen ist gemeinsam, dass sie auf einer ersten Ebene Schwierigkeiten und Verzicht thematisieren, aber auf einer tieferen, leiseren Ebene als »gut« erfahren werden. Sie sind dem nahe, was in der Bibel die Seligpreisungen (vgl. Mt 5,1–14) genannt werden. Jesus preist Menschen selig, die hungern nach der Gerechtigkeit, die um seines Namens willen beschimpft werden (vgl. Lk 6,20–26). Wer in seinem Sinne lebt, der segnet seine Verfolger; der überwindet das Böse durch das Gute; der grüßt auch die »Miesepetrigen«; der ist rücksichtsvoll zu Menschen, auch wenn sie dies kaum wahrnehmen; der tut nicht nur etwas, wenn er Anerkennung und Dank erntet: »Wenn ihr nur die liebt, die euch lieben, welchen Dank erwartet ihr dafür? Auch die Sünder lieben die, von denen sie geliebt werden« (Lk 6,32f.). – Wer nach wahrem Glück sucht, dem weist Jesus hier ein eigenes Grabungsfeld zu. Wer dort gräbt und findet, der ist »bienheureux« – »mehr als glücklich«, wie es auf Französisch heißt. Ein

Zeugnis dafür, dass es dies wirklich gibt, findet sich bei Paulus: »Von allen Seiten werden wir in die Enge getrieben und finden doch noch Raum; wir wissen weder aus noch ein und verzweifeln dennoch nicht; wir werden gehetzt und sind doch nicht verlassen ...« (2 Kor 4,8–9; vgl. 2 Kor 6,8–10).

5. Das Ja zur Liebe bis zuletzt

Es gibt Zeiten, in denen einem das Ja zum Leben und Lieben leicht von den Lippen geht und von Herzen kommt. Leben kann herrlich sein und Liebe höchste Glückseligkeit und Erfüllung schenken. Aber es ist nicht nur eine biblische, sondern eine allgemein menschliche Erfahrung, dass »Tabor« und »Golgatha«, »Hosianna!« und »Kreuzige ihn!«, Freude und Qual, Licht und Finsternis nahe beieinander liegen können. Die sog. dritte Exerzitienwoche begleitet durch die Nacht des Liebens und lädt im Blick auf das Sterben Jesu ein, den Weg des Liebens mitzugehen, geschehen zu lassen bis »zu allerletzt« – »durch Ihn und mit Ihm und in Ihm«.

Der Ernstfall des Liebens

Man solle sich auf diesem Wegabschnitt der Exerzitien »eher in Schmerz und Qual und Zerbrochenheit versetzen, indem ich die Mühen, Plagen und Schmerzen Christi häufig ins Gedächtnis rufe, die er von dem Zeitpunkt seiner Geburt bis zu dem Geheimnis des Leidens erduldet hat, bei dem ich mich gegenwärtig befinde« (EB 206). – »Empathie« und »Compassion« sind heutige Worte, die dem biblischen »Mitleiden« und »Mitleid« nahe kommen. Den Sinn solchen betenden Meditierens kann man nur verstehen, wenn man sich Menschen vorstellt, die bei »Gegenwind«, in »finsterer Schlucht« und »in guten und schlimmen Tagen« – wie es im Ritus der Eheschließung heißt – lieben, in Treue und unbeirrbar: wenn ein Arzt Ansteckung riskiert; wenn Eltern »missratene Kinder« und Kinder »missratene Eltern« zu lieben suchen; wenn schwere Krisen in einer Freundschaft durchlebt und durchlitten werden; wenn ein Feuerwehrmann sein Leben riskiert, um ein Kind zu retten.

Allein hierin kann auch eine »Antwort« auf die vielen Warum-Fragen der Menschen liegen: Warum dies? Und warum passiert »gerade mir« jenes? Warum leben? Warum sterben? Warum das Böse? – In der Compassion Gottes in Jesus will sich zeigen: Liebe ist stärker als Tod, Sünde, Widerstand, Unverständnis und Hass: »Gott hat die Welt so sehr geliebt, dass er seinen einzigen Sohn hingab, damit jeder, der an ihn glaubt, nicht zugrunde geht, sondern das ewige Leben hat« (Joh 3,16; vgl. Joh 13,1).

In Auschwitz haben Menschen ihren Glauben verloren. In Auschwitz haben Menschen ihn auch gefunden. – Im Blick auf sein zerstörtes Haus und die darunter begrabene Familie sagte nach einer Bombennacht in Augsburg ein Mann zu einem Geistlichen: »Herr Pater, Sie brauchen mich nicht zu trösten. Ich habe in dieser Nacht alles verloren – und Gott gefunden.«

Krankheit – Sterben – Einsamkeit

Ignatius machte einmal die Aussage, dass er durch den schlechten Umgang mit seiner Gesundheit zum erstenmal gelernt habe, »aus Fehlern zu lernen«. Krankheit und menschliches Leben sind fast untrennbar verbunden. Über 250 Krankheiten soll der Mensch durchschnittlich im Leben haben. Wer öfters Menschen begegnet, die lange und schwer leiden, dem kann sich die Frage stellen, ob das Durchleiden solcher

Situationen nicht in die Nähe dessen führt, was in der Mystik »die dunkle Nacht« genannt wird. Die Versuchungen darin sind groß: »Hältst du immer noch fest an deiner Frömmigkeit? Lästere Gott und stirb!« (Ijob 2,9) – so rät die Frau des Ijob ihrem Mann. Was geschieht, wenn in schrecklicher und chronischer Krankheit ein Mensch nicht verbittert und noch offen bleibt für andere? Ijob konnte sagen: »Doch ich, ich weiß: mein Erlöser lebt, als letzter erhebt er sich aus dem Staub. Ohne meine Haut, die so zerfetzte, werde ich Gott schauen. Ihn selber werde ich dann für mich schauen; meine Augen werden ihn sehen, nicht mehr fremd. Danach sehnt sich mein Herz in meiner Brust« (Ijob 19, 25–27).

Gedanken zur Einübung

Ob Krankheiten nicht zu den großen Lehrmeistern des Lebens gehören? Welche Botschaften haben sie? Sicher zunächst die: Wie können wir gesünder leben? Manchmal vielleicht: »Was kränkt, macht krank.« Oder auch: »Frisch geklagt ist halb gelitten!« Darüber hinaus: Wozu lassen wir uns wandeln durch Krankheit? Werden wir vielleicht mehr durch das gewandelt, was wir äußerlich nicht ändern können, also mehr durch durchlebte Ohnmacht als durch unsere aktiv-produktiven Kräfte? Und vielleicht stellt sich für gesellschaftlich denkende Menschen auch die Frage, ob man nicht durch einen sorgsameren, gesünderen Umgang mit sich selber mehr zur Erhaltung des Gesundheitssystems tun kann als durch manche gesetzlich verordnete sozialpolitische Reform.

Den Segen des Papstes, wie Ignatius ihn sterbend als Trost erbat, erhielt er nicht. Man nahm die Situation nicht so ernst. Das letzte Wort, das der Krankenbruder durch die Tür immer wieder hörte, war: »Ay Dios. Ay Dios!« »Ach Gott. Ach Gott!« Ignatius starb allein. Manchmal wird einem Kraft geschenkt im Alleinsein. Im Testament eines Mitbruders fand ich ein Zitat von Gotthard de Beauclair:

Nach Mittag wird das Licht kostbar.
In den Schatten beginnt die Geburt der Sterne.
Die große Stille.
Du bist allein.
Nicht einsam.

Mein Gott, mein Gott, warum hast du mich verlassen? (Mk 15,34)

Ein liebevoller Mensch, der einen anderen auf dem Weg seines Scheiterns oder seines Sterbens begleitet, ahnt etwas vom Weg, den die Jünger Jesu durchmachen mussten. Und es ist ein wirkliches Wunder des Glaubens, dass in der Mitte der Nacht der Tag beginnt. Die Exerzitien laden ein, sich auf den Weg mit Jesus einzulassen. Es ist die Einladung, mitzuerleben, wie Liebe am Ende sich vollendet. Ein wenig »buchstabenspielerisch« seien die Erfahrungen genannt, die Jesus macht, als sein Weg zu Ende und in die Vollendung geht:

Vorbereitet – wurde Jesus schrittweise: die Auseinandersetzungen spitzten sich zu und die ersten Jünger verließen ihn.

Verfolgt – er musste die Erfahrung machen, dass man ihm nachstellte, um ihn zu fangen.

Versteckt – hielt sich zeitenweise der »Offenbarer« in seinen letzten Lebens-Monaten.

Verraten – gibt es Schlimmeres, als von Nächsten, von Freunden verraten zu werden?

Verschwitzt – im Ringen um das Leben; »Schweiß wie Blut«; ist mit dem Tod alles aus?
Verunsichert – war alles umsonst, was ich getan habe?
Verklagt – wird er, der Menschen entschuldigt und versöhnt hat.
Verleumdet – wird von falschen Zeugen »die Wahrheit«.
Verurteilt – der »Heilige Gottes«, der Menschen freispricht.
Verspottet – in seiner innersten Würde von Soldaten.
Verflucht – von religiösen Autoritäten ist der Mann des Segnens: »Verflucht, wer am Pfahl hängt!«
Verlassen – »Mein Gott, mein Gott, warum hast du mich verlassen?«
Versöhnt – stirbt er: »Vater, vergib ihnen, sie wissen nicht, was sie tun.«
Vernichtet – ein Schrei, ein Lanzenstoß, das Ende.
Vergraben – hätte man ihn am liebsten für immer.
Die Leidensgeschichten des Evangeliums laden dazu ein, den Weg mit Christus zu lesen, zu meditieren, mitzugehen – auf den Kreuzwegen unserer eigenen Zeit und unseres eigenen Lebens.

Betend sterben an der Mauer des Nein

Es gibt Absagen, »Neins«, die man leicht verkraften kann. Es gibt aber auch Erfahrungen von Nein und Verneinung, die einem die Luft zum Atmen nehmen können; an denen man zu sterben glaubt: Man wünscht, dass in einer Gemeinschaft dieses und jenes möglich sein könne – nein; man möchte etwas »unbedingt« haben – nein; man möchte wie der heilige Paulus von »einem Stachel befreit« werden – nein! Und nicht nur einmal nein, sondern immer wieder: Nein, nein, nein!

Vor allem die Erfahrung der Ohnmacht ist es, die einen zur Weißglut treiben oder fast völlig zermürben oder resignieren lassen kann: Ich kann nichts; es ist alles umsonst; ich werde überhaupt nicht ernst genommen; ich bin nichts. Das Ich fühlt sich verachtet, ja in seiner Existenz bedroht. Die erste »vernünftige« Reaktion ist dabei, immer wieder zu schauen, wie man doch mit Geduld, mit Verhandlungen, mit Phantasie, mit zäher Arbeit an sich und mit den Beziehungen weiterkommt. Wenn dies aber – jedenfalls im Augenblick – nicht hilft und wenn man vor lauter Wut sich den Kopf an den Mauern des Nein blutig schlägt oder wie ein Rammbock immer wieder auf andere oder »Zustände« losrennt, dann könnte sich die Strategie des Evangeliums, der Weg Jesu empfehlen: Er stand vor den Mauern Jerusalems: »Jerusalem, Jerusalem, hättest du doch erfasst, was dir Frieden bringt. ... Wie oft habe ich gewollt, du aber hast nicht gewollt« (vgl. Mt 23,37). Da weinte der Herr, heißt es (vgl. Lk 19,41).

Zum meditativen Umgang
Man kann sich – wenn man genügend gekämpft, gewütet, verhandelt hat – in einer meditativen Übung an eine Zimmerwand anlehnen und das »Nein« bzw. die vielen Mauerblöcke der »Neins« einfach stehen lassen – nicht darin herumwühlen, nicht die Wand wegschieben, sondern das Nein-Erleben innerlich geschehen lassen. Immer und immer wieder. Manchmal wird man meinen, dass man daran stirbt; und in gewissem Sinn stirbt man auch daran. Genau dort, wie vielleicht nirgendwo sonst, kann man aber auch etwas von Auferstehung erfahren. Das letzte Glück ist nicht, dass ich meinen Willen durchsetze. Von Jesus heißt es, dass er

»außerhalb der Mauern« gestorben ist. Sterben kommt vor der Auferstehung.
Ein anderer meditativer Umgang mit Ohnmacht, Wut, Angst, stumpfer Traurigkeit kann sein, dass man sich bewusst *zu dem Schmerz durchspürt*, der unter Wut und Angst und Resignation liegt. So wie dies im Vers eines Psalmisten zum Ausdruck kommt: »Dies ist mein Schmerz, dass die Rechte des Höchsten so anders handelt« (Ps 77,11). Was ist mein Schmerz? Welche Werte in mir wurden verletzt? – Wo dieses Durchspüren geschieht, ist man näher an der Wunde und damit auch näher an der Heilung. In diesem Sinne gibt es einen Schmerz, der Schmerzen heilt.
Der fruchtbare Umgang mit Ohnmacht und Schmerz hat viel mit dem zu tun, was die Bibel »das tägliche Kreuz« nennt. In einem Gespräch sagte ein Mitbruder zu mir, eigentlich solle man statt: »Nehmt euer tägliches Kreuz auf euch« sagen: »*Nehmt eure tägliche Liebe auf euch.*« Er wollte damit dem Eindruck gegensteuern, als sei die Kreuzes-Nachfolge Jesu immer etwas, unter dem man nur stöhnen müsse. Vermutlich sollte man besser sagen: »Nehmt eure täglichen Spannungen, Nöte und kleinen Tode auf euch.« Von ihnen gilt, wenn sie im Geiste Jesu gelebt werden: »Meine Last ist leicht« (Mt 11,28–30).

6. Das Ja zur auferstandenen Liebe

Und deine Auferstehung preisen wir

Das Ja, auch durch die »finsteren Schluchten« (vgl. Ps 23) des Lebens zu gehen, Schatten nicht auszusparen, auch nicht das Dunkel des Todes, ist nicht das letzte Wort eines spirituellen Lebensweges. Exerzitien wollen nicht ins ausweglose Dunkel führen, sondern zum Ja zu jener Wirklichkeit, die in jeder Eucharistiefeier die ganze Gemeinde nach der »Wandlung« bekennt: »Deinen Tod, o Herr, verkünden wir, und deine Auferstehung preisen wir, bis du kommst in Herrlichkeit.« Die »verklärten Wunden« sind die Botschaft des Evangeliums. Ein Gedicht von Nelly Sachs kann dieses heilende Wandlungsgeschehen ahnen lassen:

weine aus dir/ entfesselte schwere der angst/
zwei Schmetterlinge /halten das gewicht/
der welten für dich/ und ich/lege deine träne in dieses wort:
deine ANGST ist ins leuchten geraten

In der vierten Exerzitienwoche geht es um das Ja zum Aufstrahlen des Auferstehungslichtes in unserem Leben. Was im Alten Testament als »Sieg Jahwes« gefeiert wird, findet im Neuen Testament seinen Ausdruck im Geheimnis der Auferstehung. Dieses wird erzählt in den Auferstehungsgeschichten, in den »Gartengeschichten« um das Grab herum und in den »Seegeschichten« des Evangeliums. All diese Geschichten mit ihren verschiedenen Farben lässt Ignatius meditieren, kontemplieren. Vielleicht drückt er den Glauben an die Auferstehung am zartesten aus, wenn er betrachten

lässt, wie Jesus sich als erster seiner Mutter Maria wahrnehmbar und gegenwärtig macht und sie »tröstet, wie Freunde einander zu trösten pflegen« (EB 224). Sollte »wahre Freundschaft« so etwas wie die Morgenröte von Auferstehung sein?
Dieses Geschehen findet nicht nur in den Auferstehungsgeschichten seinen Ausdruck, sondern auch, wenn Paulus vom *spirituellen Sterben und Auferstehen mit Christus* spricht und dabei jene Glaubensgewissheit erfährt, die ihn sagen lassen kann: »Ich bin gewiss: weder Tod noch Leben, weder Engel noch Mächte, weder Gegenwärtiges noch Zukünftiges, weder Gewalten der Höhe oder Tiefe noch irgendeine andere Kreatur können uns scheiden von der Liebe Gottes, die in Christus Jesus ist, unserem Herrn« (Röm 8,38 f.).
Johannes drückt das Auferstehungsgeschehen durch die Erfahrung des »In-der-Liebe-sein« aus: »Wir wissen, dass wir aus dem Tod in das Leben übergegangen sind, weil wir die Brüder lieben. Wer nicht liebt, bleibt im Tod« (1 Joh 3,14). – So kann man auch von Auferstehung reden: Auferstehung geschieht immer dann, wenn du liebst und geliebt wirst. Liebe ist Gottes-Leben in uns. Und von dieser Liebe heißt es, dass sie stärker ist als der Tod.
Der »sanfte« Johannes fährt da freilich erschreckend kraftvoll fort: »Jeder, der seinen Bruder hasst, ist ein Mörder, und ihr wisst: Kein Mörder hat ewiges Leben, das in ihm bleibt. Daran haben wir die Liebe erkannt, dass er sein Leben für uns hingegeben hat. So müssen auch wir für die Brüder das Leben hingeben. Wenn jemand Vermögen hat und sein Herz vor dem Bruder verschließt, den er in Not sieht, wie kann die Gottesliebe in ihm bleiben? Meine Kinder, wir wollen nicht mit Wort und Zunge lieben, sondern in Tat und Wahr-

heit« (1 Joh 3,15–18). – Solche Worte mögen erschrecken. Wieviel Tod ist noch in uns?! Und doch heißt es auch tröstend: »Nicht darin besteht die Liebe, dass wir Gott geliebt haben, sondern dass er uns geliebt hat« (1 Joh 4,10).

Die Betrachtung zur Erlangung der Liebe

Diese Betrachtung ist ein, wenn nicht *der* Höhepunkt der Exerzitien und zugleich der Übergang in das Alltagsleben hinein. Was sind ihre entscheidenden Botschaften?

- Man solle die Liebe mehr in die Werke, also in den *Lebensvollzug* als in die bloßen Worte legen (EB 230).
- Die Liebe zeigt sich im Mitteilen all dessen, was man hat, kann und weiß: »Die Liebe besteht im Kommunizieren/Mitteilen von beiden Seiten« – »El amor consiste en comunicación de las dos partes« (EB 231).
- Diese Angebote, diese Geschenke sind aber in der Liebe »nur« *Zeichen*, dass jemand sich, seine Person selber schenken will. Ignatius sagt dies von Gott, der sich nach gottmöglichem Maß dem Menschen gibt, so dass dieser frei antwortend sich ihm schenken kann (EB 234).
- Die Liebe ist *»mystisch«*: Man solle sich vorstellen, wie Gott alle Wirklichkeit, die Mineralien, die Pflanzen, die Tiere, den Menschen von innen her durchlebt: Die ganze Welt und alle Dimensionen des eigenen Seins (EB 235).
- Und man solle sich den *Bereich der Arbeit* als Raum und Ausdrucksmöglichkeit des Liebens vorstellen. Seltsam anzuhören: Gott verhalte sich wie einer, der

»schwere Arbeit« verrichtet – und mit ihm »kooperativ« und »ko-kreativ« der Mensch (EB 236).

– Schließlich gebraucht Ignatius das »esoterische« Bild, der Mensch solle sich wie eine Pflanze der Sonne und dem Regen so der Liebe Gottes aussetzen und sich von ihr durchdringen lassen – um selber immer mehr und tiefer lieben zu können (EB 237).

Was lösen diese atemberaubenden Einladungen zum Schauen und Beten und Leben in mir aus?

Bei Ignatius war es der Gebetswunsch: »In allem dienen und lieben« (EB 233).

Ende gut, alles gut

Anfang und Ende sind besonders bedeutsame Einschnitte und Abschnitte. Da werden Weichen gestellt und Abschlüsse gemacht; auch in Exerzitien.

Natürlich ist dabei eine *Rückschau* auf den Weg angesagt mit Fragen wie: Wie ging es mir insgesamt? Welche Stationen gab es auf dem Weg? Was waren Gipfel, gefährliche Gratwanderungen, Ruheplätze, neue Aussichten und Einsichten? Wo gab es Schwierigkeiten? Was war mir hilfreich? Wie ging es mir mit der Wegbegleitung? Sind neue Ziele aufgetaucht?

Und natürlich ist ein *Blick nach vorne* wichtig:

Wie wird wohl das Ankommen sein? Wem begegne ich?

Was bringen die kommenden Tage und Monate?

Was sind ein/zwei wichtige Anliegen, die ich mitnehme aus den Exerzitien? Und wie, durch welche Zeichen kann ich mich an sie erinnern? Was und wer kann mir auf meinem Weg weiterhelfen?

Es kann hilfreich sein, einen *Brief an sich selber* zu

schreiben mit den wichtigsten Impulsen der Exerzitientage.
Wenn auch das Weisheitswort gilt: »Die blasseste Tinte ist stärker als das beste Gedächtnis«, so dürfen wir doch auch in der Hoffnung leben: »Der Geist wird euch an alles erinnern, was ich euch gesagt habe« (vgl. Joh 14,26). – Und wir dürfen sprechen: »Herr, dir in die Hände sei Anfang und Ende, sei alles gelegt.« *Er* ist das »Alpha und Omega«, Anfang und Vollendung.
Und wir dürfen nicht nur in Exerzitien, sondern auch im Alltag immer wieder eine Kultur der Anfänge und der Beendigungen pflegen und die »Wehmut der Abschiede und die Huld der Ankünfte« (M. Buber) durchleben.

7. Das Ja zur alltäglichen Liebe

Exerzitien – und danach?

Ein Ja zu Erleuchtungen und Treueschwüre in seelischen Hochstimmungen sagt sich leicht. Deren Echtheit erweist sich aber im Ja zum Alltag, in einem Alltagsleben, das sich erneuern will. Nicht in einem Alltagstrott, der sich gegen wichtige spirituelle Erfahrungen durchsetzt: »Wie waren die Exerzitien?« – »Ganz gut, aber ich habe drei volle Wochen gebraucht, bis wieder alles so war wie vorher!« Dieser selbstironische Kurzdialog stellt die Frage nach dem »Danach«. Exerzitien – und danach ...? Exerzitien nur eine Unterbrechung des Alltags? Nur wieder ein vergeblicher Anlauf zu einem Neuanfang? Oder Sauerteig im Teig des Alltags? – Abgesehen davon, dass »Gegenstand« der Exerzitien das eigene Leben ist, gibt es andere Hinweise für das »danach« im Alltagsleben: Durch sog. »Regeln für ...« werden im Exerzitienbuch Bereiche in den Blick gerückt wie der Umgang mit Geld und Personal und Essen, Leben in der Kirche, Regeln für Entscheidungen. Auch alle Meditationen über Laster und Tugenden betreffen unmittelbar Lebenstüchtigkeit und Lebensgestaltung.

Vor allem die tägliche Gewissenserforschung und das sog. »Partikularexamen«, die »besondere Gewissenserforschung«, sind Weisen, wie das alltägliche Leben als Evangelium entziffert werden soll bzw. wie das Evangelium einlädt, seine Bewahrheitung in täglichen Lebens-Experimenten zu suchen.

Himmelfahrt und Bodenhaftung

Zweimal ging Ignatius auf den Ölberg zurück, um sich die Richtung der Fußspuren Jesu genau einprägen zu können, die er bei seiner Himmelfahrt hinterlassen habe, wie fromme Augen in Vertiefungen auf dem Felsboden erkennen wollten. Dies mag südländisch-fromm anmuten. Die Frage bleibt: Was ist die Richtung meiner Ideale? Meiner Träume? Meiner tiefsten Erfahrungen? Wieweit sind sie mir Kompass für den Alltag? Welche Ab- und Eindrücke hinterlassen Exerzitien in meiner Seele und welche Richtung für meinen Alltagsweg?

»Ihr Männer von Galiläa, was steht ihr da und schaut zum Himmel empor?« (Apg 1,11), fragen zwei »weiß gekleidete Männer« die Jünger, die gebannt zum Himmel aufschauen. Die Osterberichte sagen: Jesus, das Reich Gottes, findet ihr in Galiläa. In eurer Heimat. Vor Ort. Beim Fischen. In der Synagoge. In der Familie. Im Staub des Alltags. – Nelly Sachs spricht einmal vom Menschen als »entzückter Staub« und davon, dass er mitten »im Errechnen des Staubes« einen Sprung auf der »Sehnsucht Seil« tun kann.

Karl Rahner lädt ein, die »Mystik des Alltags« zu leben. Mystik des Alltags heißt fragen: Was tut anderen gut? Wie kann ich liebevolle Geduld und »fröhliche Hartnäckigkeit« (Corona Bamberg) leben? Und Freiheit und Rücksicht? Und »Kampf und Kontemplation«?

Die Aufmerksamkeit und das Gebet werden lehren, die täglichen Experimente und Lernschritte in »der Schule Gottes« (Ignatius) zu tun. Der wichtigste Schritt ist immer der nächste. Zeigt er in die Richtung der Füße Jesu oder wohin sonst?

Weg-Hilfen: Menschen und Methoden

Was nützen die Samen der schönsten und fruchtbarsten Pflanzen, wenn sie nicht in den Boden des Alltags eingepflanzt werden? Ohne Ackern, Hegen, Pflegen bleiben die Samen steril in der Dose gesammelter geistlicher Erkenntnisse. Was könnte mir helfen bei der Kultivierung meines Glaubenslebens? Will ich mir helfen lassen?

Im Folgenden sollen einige Weghilfen genannt werden. Man könnte prüfen, ob die eine oder andere für einen selber passt.

Wer sich allein fühlt, kann Ausschau halten nach einer geistlichen Gemeinschaft oder einer lebendigen Glaubensgruppe, einem Bibelkreis u.ä. in einer Pfarrei.

Manche erfahren eine regelmäßige geistliche Begleitung als große Weghilfe.

Könnten nicht gelegentliche oder regelmäßige Besinnungswochenenden oder Exerzitien gut tun?

Manche Weiterbildungskurse können Weghilfe sein.

Ebenso auch eine Supervision, eine Beratungsreihe.

Wo gibt es eine Gebetsgruppe, einen Freundeskreis, eine Bürgerinitiative, die mir Hilfe sein könnte?

Sei dein eigener Entwicklungshelfer!

Nur durch Selbsterziehung wird Freiheit konkret und kommt ein Mensch von der Fremdbestimmung zur Selbstbestimmung und Übernahme von Verantwortung für sich selber.

Als ich mich nach zehn Jahren Tätigkeit als Spiritual fragte, welches mein konkretester, sozusagen handwerklicher Vorschlag für ein geistliches Leben wäre, habe ich für mich formuliert:

Bleibe bei einer Sache, die dir selber wichtig geworden ist und für die du dich frei entscheidest, für längere Zeit, am besten mit Hilfe von jemand anderem.

Ich habe den Rat bisher nicht umformulieren müssen. Ignatius hat als Hilfe für konkrete Lebensgestaltung das sog. »*Partikularexamen*« praktiziert, d.h. ein einfaches spirituelles Selbsthilfeprogramm. Es funktioniert nach dem alten römischen Spruch »Divide et impera«, d.h. »Teile und herrsche!« Damit ist gemeint: Nimm dir nicht einfach vor, ein ganz anderer Mensch zu werden, sondern versuche, dieses und jenes und der Reihe nach zu ändern, also beispielsweise: Ich möchte etwas langsamer und weniger essen, um abzunehmen; ich möchte meinen Schreibtisch besser ordnen, mir mehr Freizeit gönnen, mir jeden Tag eine kleine Gebetszeit nehmen, mit Kindern oder Frau oder Freunden mehr das Gespräch pflegen als stundenlang vor dem Fernseher zu hocken, mich mehr in die Politik einmischen usw.

Was sind dafür wichtige Schritte? Zuerst einmal die Beantwortung der Fragen:

Was will ich eigentlich? Was ist das Ziel?

Was sind die Motive? Was verspreche ich mir davon?

Wer und was kann mir dabei helfen?

Ist das Ziel »klein genug«, also erreichbar für mich?

Danach gibt Ignatius *drei Punkte*:

1. Erinnere dich dreimal täglich kurz an dein Ziel: beim Aufstehen, um die Mittagszeit, am Abend.
2. Verbinde die Erinnerung mit einer Gebetsbitte, dass der Gottes-Geist dir helfen möge.
3. Mache dir ein Kontrollschema: für jeden Tag zwei Linien, auf denen du mittags und abends einzeichnen kannst, wie oft dir dein Entwicklungsprojekt gelungen bzw. misslungen ist. Vergleiche so Tag für Tag und Wo-

che für Woche. Freue dich an deiner »Selbstentwicklung« – und danke Gott.
So einfach? Ja, so einfach! Allerdings ist es wie bei der Medizin: Sie hilft nur, wenn man sie regelmäßig nimmt.
Sicher gibt es noch *Zusatzhilfen:* Man kann zum »Thema« etwas lesen. Man kann sich ausführlichere Zeiten des Gebetes nehmen. Man kann in längeren Selbstgesprächen genauer erfassen, woher etwas bei einem kommt und was man wirklich will. Und es ist wohl auch wichtig, nicht ein Selbsthilfeprojekt nach dem andern durchzupeitschen. Es bedarf auch der sog. »Latenzzeiten«, des verborgenen Einwurzelns, der Ruhe und vielleicht eines zweiten, dritten und fünften Anlaufs. Dies ist – statistisch gesehen – der Normalfall bei Veränderungen.
Als wichtigste Hilfe empfiehlt Ignatius, einen *Mitwisser zu haben,* einen »Syndikus«, wie er sagt. Dies bedeutet: Suche dir einen Menschen, dem du vertraust, und bitte ihn, ihm vier oder sechs Wochen lang jede Woche einmal von deinem »Selbsthilfeprojekt« erzählen zu dürfen. Wenig hilft so sehr dranzubleiben an einem Anliegen wie dies. Eine gute Hilfe kann natürlich auch sein, wenn man einen Einzelnen oder eine »Selbsthilfegruppe« findet, die in die gleiche Richtung »Praxis kreativer Selbstentwicklung« (Bernhard Sieland) zu leben versucht.

Gott in allem suchen und finden

»Omnia Ad Majorem Dei Gloriam« (OAMDG), »Alles zur größeren Ehre Gottes« lautet das Leitmotiv des Jesuitenordens. Intimer klingt das Wort von Ignatius: »Gott in allem suchen und finden.« In einem Brief an studierende junge Mitbrüder schreibt er: Die Studierenden sollen sich »darin üben, die Gegenwart Gottes, unseres Herrn, in allen Dingen zu suchen, z.B. im Sprechen, im Gehen, Sehen, Schmecken, Hören, Denken, überhaupt in allem, was sie tun; ist ja doch Gottes Majestät in allen Dingen, durch seine Gegenwart, durch sein Wirken und sein Wesen.«

Leider hat Ignatius nicht genauer erklärt, wie denn dies gehe »im Gehen, im ...«. Ob er einfach sagen wollte: Du bist immer und bei allem in Gott; bist Teil seiner Schöpfung im Sinne des Wortes aus der Apostelgeschichte: »In ihm leben wir, in ihm bewegen wir uns, in ihm sind wir« (Apg 17,28). Oder meint er jene Achtsamkeit des Lebens, in der alles immer mehr transparent wird, so wie es ein Text von Alfred Delp SJ bezeugt: »Die Welt ist Gottes so voll. Aus allen Poren der Dinge quillt er gleichsam uns entgegen. Wir aber sind oft blind. Wir bleiben in den schönen und in den bösen Stunden hängen und erleben sie nicht durch bis an den Brunnenpunkt, an dem sie aus Gott herausströmen. Dies gilt für alles Schöne und auch für das Elend. In allem will Gott Begegnung feiern und fragt und will die anbetende, hingebende Antwort. Die Kunst und der Auftrag ist nur dieser, aus diesen Einsichten und Gnaden dauerndes Bewusstsein und dauernde Haltung zu machen bzw. werden zu lassen. Dann wird das Leben frei in der Freiheit, die wir oft gesucht haben.«

Das Zeugnis dieser Freiheit stammt aus dem Gestapo-Gefängnis in Berlin, aus bösen Stunden, und ist darum wohl um so glaubwürdiger.

Kontemplativ in der Aktion

Manager in Benediktinerklöstern und in ignatianischen Exerzitien, spirituelle Schlagworte wie »Kampf und Kontemplation« (Taizé), die Suche nach »engagierter Gelassenheit« (Teilhard de Chardin SJ) drücken aus, was viele vielleicht einfacher benennen würden: Ruhe im Stress, Lebendigkeit im Alltag, Glauben im Leben.

P. Nadal, einer aus der ersten Jesuitengeneration, hat dafür die Ausdrücke gebraucht: »Kontemplativ in der Aktion« und: »Das höhere aktive Leben«. Dies sei für ignatianische Spiritualität kennzeichnend. Damit ist die »Entdeckung des kontemplativen Herzens« gemeint. Es schlägt, wenn mein Tun geprägt ist von Vertrauen, Ruhe, Hoffnung, innerer Freiheit. Es ist wie eine Grundstimmung etwa des Verliebtseins oder des Gefühls des Gesundseins. Ignatius spricht von »devoción«, von liebevollem Hingegebensein in allem als höchstem Vollzug.

Hilfen zu einem kontemplativen Leben

- Die Kontaktaufnahme mit der eigenen Tiefe und mit »kontemplativen Augenblicken« des Lebens.
- Erlebnisse nicht nur in sich hineinstopfen, sondern sich geistliche Verdauungszeiten genehmigen.
- Die Kunst einüben, die vielen kleinen Pausen zwischen zwei Telefonaten, zwei verschiedenen Arbeitsvorgängen, den Gang im Treppenhaus, die Straßenbahnfahrt zu »genießen«.
- Sich genügend Zeit zu Schlaf und Erholung geben.
- Kleine Zeiten des stillen Daseins pflegen.
- Besinnungstage oder Exerzitien nutzen.

Der selige Bruder Franz Gárate SJ wurde einmal gefragt: »Wie können Sie so ruhig sein inmitten dieses Trubels von Gesuchen, von Telefonaten usw.?« Seine prompte Antwort lautete: »Pater, ich tue, was ich mit meinen Kräften bequem leisten kann; was darüber ist, übergebe ich dem Herrn, der alles vermag; mit seiner Hilfe wird alles leicht, ja angenehm. Wir dienen ja dem besten aller Herren.«

Nachworte – Lust auf Exerzitien bekommen?

Falls Sie beim Lesen – oder vielleicht auch Üben – Lust auf Exerzitien bekommen haben, sollen noch einige Hinweise den Weg dazu ebnen helfen. Wie die Vorworte, so soll es auch einige Nachworte geben.

Wie kann ich mich auf Exerzitien vorbereiten?

Sicher ist die Sehnsucht nach Exerzitien, die Sie beim Durchlesen bzw. Durchleben dieses Büchleins vielleicht verspürt haben, ein Zeichen dafür, dass Exerzitien für Sie eine gute Hilfe sein könnten. Aber es gilt wohl auch für viele: Wer noch nicht auf einem Gebets-Meditations-Übungsweg ist, der sollte zuerst an Meditationswochenenden, Kurzexerzitien, Exerzitien mit Gemeinschaftselementen u.ä. teilnehmen und dann erst die Frage nach 8- oder gar 30-tägigen Einzelexerzitien stellen.

- Vielleicht ist es am besten, wenn man mit Menschen spricht, die schon Exerzitien gemacht haben. Die eigenen Exerzitien werden anders sein, aber lernen kann man von anderen immer, wenn man lernwillig ist.
- Neben den »Geistlichen Übungen« und dem autobiographischen »Bericht des Pilgers« gibt es einige *Bücher*, die gut in ignatianische Spiritualität einführen und auch leicht lesbar sind. An dieser Stelle seien genannt:
  Stefan Kiechle, Ignatius von Loyola – Willi Lambert, Aus Liebe zur Wirklichkeit: Grundworte ignatiani-

scher Spiritualität (nach dem Exerzitienweg geordnet) – Willi Lambert, Das Gebet der liebenden Aufmerksamkeit.
Ebenso kann die Lektüre von *Biographien* über Menschen auf ihrem geistlichen Weg hilfreich sein. Wer nur wenig in der *Bibel* liest, kann sich zur Vorbereitung der Exerzitien intensiver darauf einlassen.

– Man kann sich mehr Zeit nehmen für *persönliches Gebet* und Meditation.
– Man kann *zurückschauen* auf die Zeit seit den letzten Exerzitien oder eine längere Lebenszeit.
– Man kann sich mit inneren Bildern und Worten bewusst werden lassen, was die *Sehnsucht* ist und die Hoffnungen sind, die man mit den Exerzitien verbindet.
– Man kann sich *Fragen* stellen wie: Worauf freue ich mich? Auch: Wovor habe ich Angst?
– Wenn jemand eine geistliche Begleitung hat, dann ist es sinnvoll, die Exerzitien in einem Gespräch schon ein wenig vorzubesprechen. Vielleicht tut es auch gut, zu schauen, ob sich mit einem gut befreundeten Menschen ein geistliches Gespräch ergibt.
– Wenn es möglich ist, dann lohnt es sich, zu schauen, dass man die *Tage vor den Exerzitien* nicht allzu vollpackt und dann die Exerzitien mit einer Vollbremsung beginnen muss.

Ein Vorgespräch führen

Zumeist ist es angeraten, vor Exerzitien ein Vorgespräch zu führen. Wenn dies zeitlich möglich ist, kann es eine gute Hilfe sein und die Vertrauensbasis erweitern. Vor allem wenn man längere Exerzitien macht, die Begleitung noch nicht kennt oder sich zum ersten Mal auf das Exerzitienabenteuer einlässt, wird dies hilfreich sein. Normalerweise werden dort Fragen besprochen wie:

Was meine ich, was alles *für ein erstes Gespräch* hilfreich sein könnte – für mich selber, die Begleitung? Und was möchte ich in Freiheit mitteilen?

Wer bin ich im Sinne von einigen äußeren Daten wie Beruf, Familie, Konfession?

Habe ich *schon öfters Exerzitien* gemacht? Was war mir da besonders hilfreich? Womit hatte ich eher Schwierigkeiten?

Was ist für mich und *meine Situation* kennzeichnend? Für mein Leben und meinen Glauben?

Wie steht es mit meiner *seelischen Belastbarkeit*? War oder bin ich gerade in einer therapeutischen Behandlung? Wie geht es mir gesundheitlich?

Wie geht es mir mit dem *Beten*? Was sind meine Weisen? Wo spüre ich Schwierigkeiten?

Was bedeutet mir die *Bibel* und der Umgang mit ihr?

Steht eine *wichtige Entscheidung* an? Oder mehrere?

Was möchte ich *sonst noch* sagen?

Was habe ich für *Fragen* an die Begleitung bzw. die Exerzitien?

Wenn ein direktes Vorgespräch nicht möglich ist, dann kann auch ein Telefongespräch eine Hilfe sein. Oder ein Brief.

Vermutlich ist noch wichtiger, als sich genau und gut vorzubereiten, in einem großen Vertrauen zu leben, dass Gottes Geist selber lockt und leitet und in uns wirkt: in den Exerzitien und in den Exerzitien des ganzen Lebens.

Exerzitienfallen

Unser Lebensweg mag uns manchmal vorkommen wie ein ständiges Aufstehen und Hinfallen – auch auf dem Exerzitienweg. Einige typische »Fallen« seien genannt:

– Sich unter Ergebnisdruck setzen

Sicher sollen Exerzitien entscheiden helfen, aber es ist zumeist kontraproduktiv, wenn man meint, am Ende der Exerzitien müsse diese oder jene Entscheidung gefallen sein. Man soll Entscheidungen nicht fällen wie einen Baum mit der Axt, sondern sie reifen lassen; dann fallen sie fast von selber, und eine leichte Drehung kann beim Pflücken genügen. Alles hat seine Zeit.

– Ein Muster imitieren und repetieren statt einen Weg gehen

Sicher gibt es Muster, Abläufe, Prozessschritte, und doch gleichen keine Exerzitien den andern, so wie auch kein Tag dem andern gleicht. Es gilt, aus und von Überraschungen zu leben. Genauso wenig ist es hilfreich, sich dauernd ängstlich zu fragen: In welcher Phase bin ich denn?

– Unmündige Abgabe der Verantwortung

So hilfreich eine gute geistliche Begleitung ist, so lauert da doch immer auch die Gefahr, dass man die Verantwortung für den eigenen Weg zu sehr an den anderen delegiert. Ich selber bin – mit der Gnade des Gottes-Geistes – hauptverantwortlich für mein Leben. Die andern können Hilfe sein für mich, nicht Ich-Ersatz.

– Projektionen und Übertragungen

In der geistlichen Begleitung gibt es immer wieder auch den Vorgang, dass jemand alte Erfahrungen, z.B.

Autoritätsprobleme, auf sein Gegenüber projiziert. Auch jemand, der begleitet, muss immer wieder vorsichtig sein, vor allem bei starken inneren Bewegtheiten: Was davon hilft, den anderen besser zu verstehen? Was aber ist zu sehr Eigengestricktes und verfälscht den »objektiven« Eindruck vom Geschehen im anderen?

– Geistlicher Konkurrenzkampf

Wie weit bin ich schon – im Vergleich zu den anderen? Bin ich beim allerbesten Meister? Bin ich auf dem Weg der besten Methode und Schule? Bin ich bei den Anfängern, den Fortgeschrittenen, den Vollkommenen? – Solche und ähnliche Fragen sind durchaus sehr menschlich, aber sie gehören zu jener Art von »Mist«, von dem Tauler sagt, man solle ihn, bevor er den eigenen Stall verstinkt, auf den »Acker des Willens Gottes« tragen; da kann er guter Dung sein.

– »So schlimm wie ich kann niemand sein«

Wer Exerzitien begleitet, weiß, dass man eine solche Aussage ernst nehmen muss. Sie ist Ausdruck dafür, wie jemand sich fühlt. Aber wer sich so ausdrückt, darf auch wissen: Nicht einmal im Sündigen bin ich der »Größte« bzw. Schlimmste. Und vor allem: Je erbarmungswürdiger ich bin, desto mehr wird sich die göttliche Liebe an mir zeigen.

– Exerzitien machen statt Exerzitien geschehen lassen

Die aktive Seite – Exerzitien machen – hat ihren guten Sinn. Aber fast noch wichtiger ist, dass man Exerzitien geschehen lässt. Gerne sage ich bei Exerzitien als Leitsatz: »Das Geheimnis des *Daseins* aufmerksam geschehen lassen« – und so den Namen Gottes ehren, der heißt: »*Ich bin-der-ich-bin-da.*«

Variatio delectat – Abwechslung macht Freude

Es kann sein, dass auch Exerzitien zu eingefahrenen Wegen werden, die nicht mehr die ursprüngliche Frische und Herausforderung darstellen. Da kann es durchaus helfen, einmal abzuwechseln: an einen anderen Ort gehen; eine andere Begleitung suchen; einmal mit einem Mann als Begleitung oder mit einer Frau.
Auch die Exerzitien-Formen können verschieden sein: Warum nicht einmal »Exerzitien mit Gemeinschaftselementen«; Exerzitien mit dem Rucksack unterwegs, vielleicht »allein und zu Fuß« (Ignatius); eine biblische Woche in den Bergen; »Exerzitien auf der Straße«, d.h. mit Meditationen an sozialen Brennpunkten einer Stadt; Exerzitien auf dem Matratzenlager, d.h. Exerzitien in einem sehr einfachen Milieu.
Genauso kann man sich fragen: Würde mir nicht einmal ein Kommunikationskurs mehr helfen für die Beziehung in der Familie als »nur« eine Betrachtung zum Thema »Liebe deinen Nächsten?« Könnte nicht in einem Jahr eine Reihe von Gesprächen mit einer professionellen Beratung hilfreich sein für eine wichtige Entscheidung? Was wäre mit einem »Konflikt-Konsens-Seminar?« Bräuchte ich vielleicht eine therapeutische Hilfe? Oder sollte ich endlich einmal einen »gescheiten« Urlaub machen?
Vielleicht könnte zwischendurch ein Angebot für mich hilfreich sein, das ganz intensiv mit der Stille arbeitet, mit Schweigemeditationen, mit dem Herzensgebet und mir vielleicht so zu einer Vertiefung und Vereinfachung hin hilft.

Exerzitien ganz praktisch: Wo? Bei wem? Wann?

Schleichwerbung für Exerzitien kann man diesem Büchlein nicht vorwerfen. Zu offenkundig ist die Sympathie für diesen Weg. Wenn jemand dabei »Feuer gefangen« hat, dann ist es nur fair, mit einigen praktischen Hinweisen zu schließen: In vielen Kirchen liegen von den Exerzitienreferaten der Diözesen Ankündigungen aus, die über verschiedenste Formen von Exerzitien informieren.

Sicher weiß auch der Pfarrer einer Gemeinde, wissen Ordensleute oder auch geistliche Gemeinschaften um Möglichkeiten.

Die »Gemeinschaft Christlichen Lebens« (GCL) bietet jedes Jahr in ihrem »ÜBERBLICK« ignatianische Exerzitienkurse bzw. vorbereitende und weiterführende Kursarten an. Eine ganze Reihe von Jesuiten begleitet im Rahmen der GCL Exerzitien.

Anschriften:

GCL-Sekretariat
Sterngasse 3, 86150 Augsburg
Tel: 0821/34668-0
www.gcl.de

Jesuiten in Deutschland:
www.jesuiten.org

Im Internet sind Angebote vieler *Exerzitienhäuser und Diözesen* abrufbar:
in Deutschland: www.exerzitien.info
in Österreich: www.exerzitien.at
in der Schweiz: Forum ignatianischer Exerzitien:
www.exerzitien.ch

In der Reihe **Ignatianische Impulse** sind bisher erschienen:

Willi Lambert
Das siebenfache Ja
Exerzitien – ein Weg zum Leben
ISBN 3-429-02534-6

Stefan Kiechle
Sich entscheiden
ISBN 3-429-02535-4

Piet van Breemen
Alt werden als geistlicher Weg
ISBN 3-429-02533-8

Heiner Geißler
Glaube und Gerechtigkeit
ISBN 3-429-02603-2

Cordula und Ottmar Leidner
Weil ich mit dir wachsen möchte
Herausforderung Ehe
ISBN 3-429-02602-4

Klaus Mertes
Verantwortung lernen
Schule im Geist der Exerzitien
ISBN 3-429-02537-0